TÁ, E DAÍ?!

A VIDA POR MIM

CB125284

ANA DE CESARO

TÁ, E DAÍ?!

A VIDA POR MIM

2015

astral cultural

© 2015 Editora Alto Astral
Fica proibida a reprodução parcial ou total de qualquer texto ou imagem deste produto sem autorização prévia dos responsáveis pela publicação.

FOTO DA CAPA: Fernando Gardinali
STYLING: Carol Olivério
BELEZA: Maya Rove
FOTOS INTERNAS: acervo da autora

CIP-BRASIL. Catalogação na Fonte
(Sindicato Nacional dos Editores de Livros, RJ)

C414t

Cesaro, Ana De

Tá, e daí?: A vida por mim / Ana De Cesaro. - Bauru : Astral Cultural, 2015.

ISBN 978-85-8246-256-0

1. Sucesso. 2. Autorrealização. 3. Motivação. 4. Técnicas de autoajuda. I. Título.

15-25536 CDD: 158.1
CDU: 159.947

astral cultural

EDITORA ALTO ASTRAL
Rua Gustavo Maciel, 19-26, Bauru, SP, CEP 17012-110
Telefone: (14) 3235-3878 / Fax: (14) 3235-3879
contato@astralcultural.com.br

Agradeço às minhas musas inspiradoras, minha mãe e minha irmã, por estarem sempre ao meu lado, me apoiarem em todas as loucuras e me darem forças para lutar todos os dias.

Agradeço ao meu pai, por ter sido tão presente na minha infância e por ter se tornado esse artista incrível que continua lutando pela cultura e pela boa energia no mundo.

Agradeço com muito amor ao Vô Ivonie, Vó Iracema, Tio Xande, Tio Assis, Dinda (e respectivas famílias e gatos) pelo carinho, apoio, risadas e preocupação.

Agradeço ao Tio Gringo (in memoriam). Você é o cara. Como eu queria te ver no lançamento do meu livro e entregar o primeiro exemplar a você.

Hoje e para sempre, quero agradecer aos meus fãs. Minha nova vida não seria possível sem vocês.

Agradeço ainda aos meus amigos de Porto Alegre, de São Paulo e da Web, que acreditaram em mim e foram responsáveis por muitas risadas, aventuras e trapalhadas.

Agradeço ao meu amigo/irmão Pingo Alabarce por todos os pores do sol no gasômetro e pelos infinitos “Calma, meu... Você tá preocupada demais. Tudo acontece na hora certa. Relaxa que vai dar certo".

Por último, mas não menos importante, meu namorado, Fabiano, seus filhos e sua família, que têm me mostrado que não é impossível ser feliz sozinho, mas que ser feliz em uma galera é muito melhor.

Agradecimento especial ao Al Capone e à Paçoca, meus gatos, por manterem meu colo quentinho enquanto estas palavras foram escritas.

★ ★ ★

Dedico este livro aos desajustados, aos loucos, aos tímidos, àqueles que se sentem deslocados por não pertencerem a um ou outro grupo e aos que estão solitários e acham que o mundo todo está sobre seus ombros. Àqueles que já desistiram inúmeras vezes porque não têm esperança. Acreditem: vai dar certo.

Dedico-o também às mulheres que sabem que são maravilhosas e àquelas que ainda não descobriram isso.

Dedico o meu primeiro livro, por fim, a todos aqueles que têm um sonho, seja ele qual for.

Sumário

Prefácio

Um belo dia, estava eu navegando pela internet quando parei para ver um vídeo. Indignada com uma senhora que tratara mal uma garçonete, a menina contava que deu um bombom para a moça que havia sido destratada – "para adoçar o seu dia". E aproveitou para pedir mais amor ao mundo.

Na hora, pensei que iria gostar de ser amiga daquela garota tão bacana e que, a seu modo, com pequenos gestos, quer mudar o mundo.

O destino tem seus caprichos. Tempos depois, conheci a menina do vídeo e me tornei amiga dela. A Ana Maria adoça a vida dos outros, como fez com a moça do cafezinho. Acabei descobrindo que muitas pessoas querem ser amigas dela porque se identificam com a sua trajetória. Porque ela é real, é humana.

A cada página deste livro, você vai conhecer melhor a Ana humana, a que gosta de boy bands, a que transformou o bullying em força para se reinventar. A que sofreu por amor (quem nunca?) mas não transformou seu coração em pedra.

A Ana que mostra que, com força de vontade e uma dose de bom humor, todos podem mudar para melhor. E que isso acontece de dentro para fora. A Ana que não escreveu um livro sozinha, pois você que está lendo também faz parte desta história.

Tenho certeza de que, ao final da leitura, você vai querer ser amigo dela. Se o destino der uma forcinha, quem sabe você pode ter uma Ana De Cesaro em sua vida também?

Bic Müller

Blogueira e roteirista

E **daí?!**

Parabéns! Você está com o meu livro nas mãos!

Agora você quer saber o que vem pela frente. Está com vontade de começar a ler. Bom, pelo menos eu espero que esteja. Afinal, poxa vida, escrevi com vontade, amor, carinho. Quero que estas palavras cheguem o mais longe possível.

Para acabar um pouco com o mistério "o que eu vou encontrar nas próximas páginas?", adianto rapidinho do que se trata.

Todo mundo cresce ouvindo um ditado popular segundo o qual, para ter um ciclo de vida completo, é preciso plantar uma árvore, ter um filho e escrever um livro. Eu não sou diferente: cresci ouvindo isso e realmente acho uma proposta legal. Já plantei tantas árvores nesta minha vida que acabei perdendo a conta. Filhos eu não sei se vou ter. E o livro... sempre tive vontade de escrever um, mas nunca soube exatamente sobre o quê.

Tantas coisas (boas e ruins) aconteceram comigo que eu hoje tenho história para escrever praticamente uma trilogia do *Senhor dos anéis*. Como não tenho o talento do Tolkien, vou deixar para um livro só, pelo menos por enquanto. E, se eu considerar o livro um filho que eu esteja esperando e desejando que nasça saudável e feliz, já vou matar dois coelhos nessa. Ai, que horror... Esquece. Não quero matar coelho nenhum. Você entendeu.

Então, o livro trata basicamente disso: a minha vida.

Não quero que seja uma autobiografia, pois, convenhamos, não sou nenhuma rockstar (embora quisesse) ou estrela de cinema. Também não quero que seja uma autoajuda chata e melequenta escrita por aquelas pessoas superpositivas, extremamente felizes, que sorriem o tempo todo, acham que a vida é linda, feita de arco-íris e unicórnios em montanhas de marshmallows e fontes de chocolate e... bleeeergh! Desculpa, tive que ir ali vomitar um pouquinho. Acho tudo isso um saco!

Quero que este livro seja uma conversa entre duas pessoas que não se conhecem, cada uma com as suas particularidades, sucessos e derrotas, virtudes e defeitos. Você vai notar que a linguagem não é rebuscada nem complexa. São palavras simples, do dia a dia, escritas por uma mulher que tem muita história para contar. Se, ao chegar ao fim deste livro, você realmente gostar de tudo o que leu e me sentir, praticamente como uma amiga, será uma vitória para mim. Se, além disso, você estiver com vontade de levantar da cadeira, chutar uma porta e salvar o mundo, vitória para nós!

Repare que eu chamei de conversa e não de monólogo. Não quero ficar aqui falando sozinha, porque isso seria muito chato tanto para mim quanto para você. Quero que, por meio da minha história, você possa escrever a sua. Por isso, nas próximas páginas haverá diversas situações nas quais eu vou ficar quietinha, só prestando atenção ao que você tem a dizer. Você vai precisar de uma caneta, então eu vou esperar aqui enquanto você vai lá buscar. Só não pega aquela que fica perto do telefone, porque você vai precisar dela para anotar aquele protocolo imenso do teleatendimento daquela empresa que só dá dor de cabeça.

Estou falando sério. Pega lá a caneta.

Vou ficar aqui esperando...

Hahahahahaha, você acha que eu estou brincando?

Nananana! Nada de pular para a próxima página! CADÊ A CANET...

Ah. Ok. Aí está.

Como isto aqui é uma conversa, vamos às apresentações:

Oi. Eu sou a Ana Maria, sou do Rio Grande do Sul, tenho 27 anos e este é o primeiro livro que eu escrevo. Amo a minha família mais que tudo, e os meus amigos e leitores são o combustível que eu uso para produzir e trabalhar. Graças à internet, aos blogs, aos vídeos e afins, descobri uma nova vida, um horizonte diferente, encontrei uma nova Ana que me completa e me deixa muito feliz. É sobre todo o processo de mudanças e descobertas até chegarmos a este encontro que pretendo falar por aqui.

Quem é você? O que você faz? Como acabou com este livro nas mãos e qual é o seu objetivo com ele? (Por favor, não diga que é nivelar os pés da mesinha da sala. Seja legal comigo.)

Agora é com você

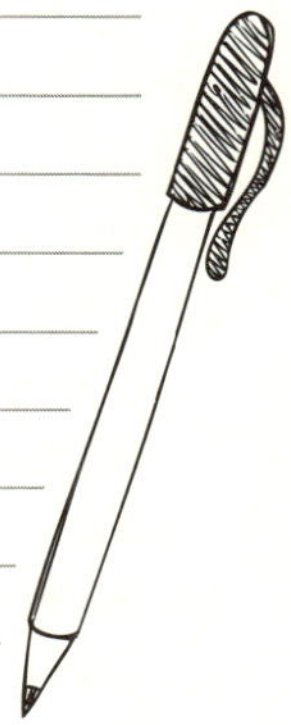

Muito bem. Agora que as apresentações foram feitas, bora começar a história. Era uma vez...

Minha **estreia**

Foi no dia 28 de janeiro de 1988, mais ou menos às seis e meia da tarde, no Hospital da Cidade de Passo Fundo, que eu saí da barriga da minha mãe.

Meu pai era percussionista, tinha vários outros amigos músicos e tocava nos bares da cidade. Ele também era pintor e escultor. Minha mãe era defensora do meio ambiente, trabalhava com teatro de bonecos e poesia. Dois artistas, cheios de sonhos e ideologias.

Na época, meu pai tinha 22 anos e minha mãe, 23. Eles não estavam juntos havia muito tempo, mas a minha chegada os manteve juntos por 12 anos. Ela também os fez diminuir pouco a pouco a sua presença no meio artístico: meu pai largou a faculdade e virou metalúrgico. Minha mãe concluiu a graduação e se tornou professora de português e literatura.

Hoje eu avalio a situação e vejo que eram duas crianças que, sem perceber, se viram com outra criança nas mãos. Não sei se teria coragem e força para iniciar uma família como eles tiveram.

Apesar de tudo, a arte nunca desapareceu da nossa casa: cresci ouvindo meu pai tocar acompanhando os discos de jazz e MPB de que ele tanto gostava. Eu o ajudava a pintar quadros e a fazer esculturas, enquanto minha mãe escrevia poemas e, com retalhos e sucata, criava bonecos que eu chamava de irmãos – afinal, eu os via nascer. Tive a oportunidade de acompanhar meu pai tocando em alguns bares e minha mãe fazendo animação de festas infantis, vestida de palhaça, levando a alegria a outras crianças.

Passo Fundo é uma cidade pequena do interior do Rio Grande do Sul. Lembro da inauguração do primeiro shopping de lá. Parecia mais uma galeria que qualquer outra coisa, tinha apenas dois andares e só uma escada rolante que subia. Até hoje eu não entendo o propósito daquela escada; só sei que era uma das minhas diversões quando criança. Eu pedia para a minha mãe me levar ao Shopping da Praça para eu "andar de escada rolante", que eu considerava um brinquedo em um parque de diversões. Eu subia pela escada, bem paradinha, e descia correndo pelos degraus fixos que ficavam ao lado.

Tive uma infância muito feliz. Fui uma menina que corria, andava de bicicleta, brincava de esconde-esconde e tinha como toque de recolher o acender dos postes de luz da rua. Me entristece ver que poucas crianças têm esse privilégio hoje em dia. Tudo bem, eram outros tempos, outro lugar, outra realidade.

Passo Fundo, com seus 180 mil habitantes, me possibilitou tudo isso. Tive muitos amigos e pude realmente aproveitar minha infância. Usava roupas de criança, me mexia o dia inteiro e odiava falar sobre "namoradinhos" e coisas de adultos. Eu queria correr! Brincar! E, como se diz aqui no sul, fazer arte! Aliás, por ser uma criança arteira, acabei me tornando uma adulta artista. Ainda bem.

Passatempos preferidos? Riscar as paredes, desmontar coisas para ver como funcionavam, escrever "poesias", jogar futebol com os meninos, andar de roller e bicicleta, jogar taco, videogame, vôlei, brincar de teatro com a minha mãe, fazer música com o meu pai, brincar de boneca com a minha irmã (logo logo falo dela), criar histórias para representar com os bonecos, ler, colorir, desenhar, fazer mágicas. Enfim, uma infância feliz.

Comecei a frequentar a escolinha com dois meses de idade, pois minha mãe e meu pai precisavam trabalhar, e me tornei uma criança sociável desde cedo. Entrei no colégio com cinco anos, depois de pedir para a mamãe que me colocasse lá. "Não aguento mais fazer desenho com palito de fósforo e macarrão. Quero aprender a ler e a escrever". Essa é uma das lembranças mais antigas que tenho.

Minha mãe palhaça sempre fez de tudo para me ver sorrir.

Cresci rodeada de música, poesia e arte. Isso faz parte de mim. A pior coisa que fiz foi ter me afastado disso durante uma época complicada da minha vida, porém a felicidade do reencontro foi muito mais forte do que eu podia imaginar.

É por isso que eu não poderia dar outro título para este capítulo: sou filha de artistas e nasci para ser artista. Reconhecer isso foi uma das coisas mais libertadoras que me aconteceram. Eu me sinto privilegiada por ter os pais que tenho.

Com meu pai aprendi a ouvir jazz, MPB, samba, baião... todos os tipos de música que você pode imaginar. Aprendi com ele a diferenciá-los, apreciá-los e, depois de uns anos, a acompanhá-los tocando percussão. Uma das lembranças mais fortes que tenho do meu pai é ele com os olhos fechados, a cabeça virada para baixo e para a direita, deixando o ouvido esquerdo em evidência, as mãos gordinhas batucando nas congas e em outros instrumentos de percussão, acompanhando os muitos discos que tínhamos em casa. Ele sempre me deixava tocar junto, e nós nos divertíamos procurando sons com materiais diferentes. Qualquer momento era propício para uma batucada. Brincávamos de Hermeto Pascoal. (Se você não sabe quem é esse cara, sugiro que pesquise para conhecer. Não precisa gostar, mas é importante saber quem é.)

Aprendi a brincar com argila, a sujar a mão para pintar, a esculpir em vários tipos de pedra e a fazer arte com sucata. Entendi que o abstrato também é arte. Não é necessário desenhar, pintar ou esculpir com formas regulares, seguindo "regras" e padrões artísticos já impostos pelas pessoas.

Com minha mãe, aprendi sobre o respeito e a conexão que temos com a natureza. Lembra quando eu disse, no começo do livro, que tinha plantado tantas árvores que já tinha perdido a conta? Pois é, ela foi a responsável por isso. Não só plantamos árvores como lutamos contra a morte de muitas outras. Aprendi que, embora sozinhos não consigamos mudar o mundo, precisamos fazer o máximo para ajudar. Cresci com uma consciência ambiental muito grande graças à minha mãe.

Aprendi também que, com alguns retalhos e objetos reciclados, dava para criar o que eu quisesse: brinquedos, casinhas e até bonecos!

Aprendi a importância dos livros e da palavra, tanto falada quanto escrita. Desde pequena, eu ouvia poemas que, confesso, nem sempre entendia, mas adorava! Eu brincava de rimas, trava-línguas e coisas do gênero. Minha mãe começava a poesia e eu continuava até nós cairmos na risada por causa das maluquices que apareciam. A diversão era terminar o poema e dizer "Arnaldo Antunes!", como se estivéssemos citando uma criação dele. Afinal, só ele mesmo para inventar loucuras como aquelas. (Lembra o que falei do Hermeto Pascoal? A mesma coisa se aplica ao Arnaldo Antunes.)

Na verdade, aprendi muito mais com os meus pais do que acabei de contar, mas, como estamos nos concentrando na parte artística da coisa, é somente disso que vou falar neste capítulo.

A esta altura do campeonato você já deve estar querendo dizer: "Ana! Eu quero ler sobre a sua superação, o seu emagrecimento! Não vai falar disso nunca?".

Calma! É claro que vou. Mas o meu objetivo aqui não é apenas falar sobre emagrecimento; a história não é tão simples assim. Se você está interessado unicamente em dicas práticas de nutrição e exercícios, sugiro que feche o livro e consulte um nutricionista já!

O peso não está ligado apenas ao acúmulo de gordura no corpo. Pelo menos o meu não estava. Então, as palavras escritas aqui servem para contar a história de uma menina que se livrou do peso físico, emocional e psicológico que carregava. Eu superei não somente a balança, mas um monstro muito maior.

Ok. Já falei sobre algumas coisas dos meus pais que me marcaram muito positivamente. Que tal você fazer o mesmo? Conte algumas coisas legais que você se lembra dos seus pais. Nenhuma lembrança é insignificante. Se ela está aí, é porque marcou você de alguma forma. Vamos lá? Quero saber.

Agora é com você

O Tio **Gringo**

Da minha família paterna, uma pessoa merece um capítulo inteiro. Esse cara, mesmo sem saber, foi um dos grandes responsáveis pelo meu despertar para a mudança de vida.

O Tio Gringo era o tio que morava na capital, Porto Alegre. Quando era criança, eu nunca soube direito com o que ele trabalhava. Só sabia que era importante e que a família tinha uma grande admiração por ele. Toda reunião a que ele comparecia se tornava um evento diferente apenas pelo fato de ele estar lá.

Ele era o cara viajado, que falava mais de uma língua e não se contentava com a vida do interior. Quando ia para a casa da minha avó, era interessante ver aquele senhor elegante, que usava paletó, dar lugar ao pescador sem camisa e que gostava de coçar as costas no batente da porta. Eu achava aquilo engraçado e admirava o fato de ele saber equilibrar tão bem as coisas simples do interior com as pressões do mundo lá fora.

Pelo fato de morar longe, eu não convivia tanto com esse tio. Lembro de passar alguns dias na casa de praia dele e das visitas esporádicas que ele fazia à família.

Sempre que eu estava triste ou desanimada pelas constantes comparações com os primos ou pela forma pejorativa pela qual alguns parentes se referiam a mim, ele me defendia: “A Ana Maria é criativa, inteligente, esperem ela crescer...”. Incrível como essas palavras me marcaram.

Depois de um tempo, o Tio Gringo decidiu lançar carreira política, e acho que isso nos aproximou ainda mais. Fui educada pelos meus pais para agir sempre de forma muito engajada, querendo discutir, entender e mudar o mundo através das minhas ações, fossem pessoais ou políticas; o importante era questionar e agir.

Eu adorava assistir ao meu tio fazendo campanha, participando de debates e convivendo com outros políticos. Gostava tanto daquilo que cheguei a cogitar seguir carreira política quando crescesse. A vontade de participar da vida das pessoas vem comigo desde cedo, e eu achava que essa seria a forma de fazer isso. Ele já era motivo de orgulho para a família, mas depois que entrou na política passou a ser uma referência ainda maior para todos nós.

O Tio Gringo sempre foi um homem culto, interessado em aprender e entender tudo o que se passava a sua volta. Obviamente não foi diferente com a chegada das redes sociais ao Brasil. Eu achava o máximo saber que o meu tio, com seus quase 60 anos, tinha blog, Twitter, Facebook, tudo isso. Com o tempo e a facilidade da internet, fomos nos conectando cada vez mais.

Conversávamos sobre todos os assuntos possíveis e imagináveis. Política, esportes, cultura, viagens, pescaria, família, enfim, tudo era motivo para horas de conversa pelos 140 caracteres das mensagens diretas do Twitter. Nas madrugadas de insônia, eu compartilhava meus anseios e ele sabiamente me dava conselhos e lições.

Era tudo muito confortável. Ele se tornava cada vez mais presente na minha vida, meio que suprindo, ainda que virtualmente, o vazio que eu sentia pela ausência do meu pai.

Como ele se definia? Em suas próprias palavras, "alguém que desconstrói as velhas crenças na cabeça e se reconstrói de tempos em tempos". O lugar em que ele dizia estar? "No mundo." Esse era o Tio Gringo.

A família distante **mais próxima que tudo**

Este é um dos capítulos mais felizes de escrever. Juro que estou com um sorriso de dar cãibra na bochecha. Nas próximas páginas, você vai conhecer as pessoas que mais me deram, e ainda dão, afeto, carinho e amor neste mundo. A família que mora longe, mas é mais próxima que tudo! A família materna.

Minha mãe nasceu em uma cidade pequena, ainda menor que Passo Fundo, chamada São Borja, que fica na fronteira com a Argentina e é conhecida como a "terra dos presidentes", por ser a cidade natal de Getúlio Vargas e João Goulart. Eu conhecia São Borja como a cidade do vô e da vó.

Meu avô foi professor de biologia, radialista e jogador de futebol, mas eu o conheci como apicultor, pescador e jogador de xadrez. Um velho moreno, grandão e fortão, que sempre me recebia de braços abertos quando íamos visitá-los. Me deixava brincar com todas as coisas que tinha na garagem, me ensinava a jogar xadrez e sempre dava um jeito de me fazer sorrir. Uma das lembranças mais fortes que tenho é ele dizendo: "Viu? O vô fez a barba só pra te ver" – porque, quando eu era criança, vivia reclamando da barba que pinicava quando eu ia beijar a bochecha dele (e que fique claro que o bigode branco eu deixava ele manter).

Respeito demais o meu avô. Ele é muito carinhoso e atencioso, nunca negou amor a nenhum dos netos, é prestativo e faz tudo o que pode para ajudar, fazer um mimo, acalmar e aconselhar. Ah, sim, os puxões de orelha do vô são os melhores, porque ele não precisa nem levantar a voz. A mensagem já é dada pela firmeza das palavras e pela força do olhar.

E o mel... Ahhhh, o mel... Sempre que voltávamos de São Borja, trazíamos um balde de cinco quilos de mel feito pelo vô e as abelhas, das quais sempre tive medo de me aproximar. O mel Iracema era milagroso, porque tudo ficava bom e qualquer gripe era curada com uma colherinha dele.

Sim, o nome do mel é Iracema, mesmo nome da minha avó.

Só de falar dela, meus olhos ficam cheios de lágrimas de emoção e saudade, de tanto que a amo. É sempre assim quando estamos ao telefone também. Acho que foi com a Vó Iracema que entendi o significado do amor, em sua forma mais pura. Dona de casa, preparava os melhores doces do mundo e sempre dava um jeito de fazer meias de lã, mantas e blusas para garantir que ficássemos quentinhos durante o inverno. Ela é pequenininha; como eu e minha irmã brincamos, cabe na palma da mão. Na verdade, ela cabe inteira no meu coração. Ai, desculpa... Tá ficando meloso demais né? Mas é que a Vó Iracema é a única pessoa que consegue fazer a Ana Maria durona ficar derretida de tanto amor. Vivo dizendo que a vó é a única pessoa que consegue me fazer acreditar que eu sou linda, porque o jeito que ela nos olha é inexplicável; é como se ela nos enxergasse por dentro e não por fora.

Mesmo de longe, o vô e a vó faziam questão de nos enviar de São Borja, pelo menos uma vez por mês, uma caixinha. Ahhh, como era feliz aquele momento. A mãe desligava o telefone, olhava para nós e dizia: “Vamos à rodoviária buscar a caixinha do vô e da vó?”.

Nós nos vestíamos rapidinho e íamos buscar aquela caixinha de felicidade que viajava oito horas pra chegar até nós. Nela encontrávamos potinhos de mel, doces, um chá superespecial que só a Vó Iracema era capaz de fazer, meias e mantas de lã, bonequinhas ou lembrancinhas de que eles achavam que iríamos gostar, vários pacotes embrulhados em papel verde que nos deixavam felizes pelo gesto de amor e de lembrança. "É simples, mas é com amor."

Sinceramente? Você quer presente mais significativo que amor?

Por isso digo que essa é a família distante, porém mais próxima que tudo. Sempre que encontro meus tios, a sensação é a de que nos vimos ontem e que somos todos parte de algo muito maior; todo mundo se preocupa com todo mundo e todos querem se ajudar, mesmo estando separados pelo Brasil.

Um dos tios nos passa tranquilidade pelo fato de morar mais próximo do vô e da vó; sabemos que ele está lá para os cuidados mais urgentes, e, claro, para as notícias mais atualizadas da família.

Outro tio é uma grande influência para mim, e talvez nem saiba disso. Bem... se ele ler o livro (espero que leia), vai ficar sabendo. O tio que morou em várias cidades do Brasil, passeou pelo exterior e sempre deixou muito claro que isso só foi possível graças ao estudo e ao trabalho. Cada vez que o encontro, é um grande aprendizado. Recebo conselhos sobre educação e investimento no futuro, e isso tudo sem ele notar. É natural dele querer cuidar de nós passando bons exemplos. Admiro demais esse tio, sem falar que, olha... é um cozinheiro de primeira.

A família materna é composta por dois tios, minha mãe e minha tia/madrinha. A dinda. A dinda é uma das pessoas mais sensacionais do mundo! Minha segunda mãe, que sempre cuidou e ainda cuida demais de mim. Sei que posso confiar nela para contar qualquer segredo, buscar conselhos ou se quiser afofar alguns gatos na sua casa, que, por acaso, é toda decorada com felinos e com os Beatles. Sempre admirei o fato de minha mãe e minha dinda gostarem de boa música. Isso me leva a crer que o meu bom gosto musical é algo que vem de berço.

Ok, agora é a pausa para você dizer: "Ai, Ana, que prepotência falar que você tem bom gosto musical. Cadê a humildade?".

Bem, nesse caso não tem... Tenho orgulho de fazer parte de uma família que sempre se importou com a cultura e me ensinou muito bem a conhecer a boa música. Posso não ser humilde nesse quesito?

Aliás, mais para a frente quero conversar direitinho com você sobre esse conceito de humildade que implantam na nossa cabeça. Não me deixe esquecer.

Enfim, agora você conhece a parte distante da minha família, aquela que só preencheu o meu coração de coisas boas. Meus primos, tios e avós me deram força em todas as decisões e tombos que tomei, me ensinaram sobre o significado de amor e confiança.

Viu só? Mesmo sem conhecer você, já sei o que está pensando.

Fiz questão de te contar todas essas coisas porque, para conhecer uma pessoa de verdade, é preciso conhecer a sua base, ou seja, a sua família. Isso é muito importante para mim.

Mas tudo bem. Até eu já cansei desse blá-blá-blá. Vamos ao que interessa.

Criança **feliz**

Na sua opinião, o que faz uma criança feliz? Eu acho que só é preciso saúde, amor e diversão.

A infância é uma parte tão linda da vida; tudo parece um grande conto de fadas; mesmo as dificuldades, quaisquer que sejam, são vistas de forma lúdica. Ironicamente, nós só notamos isso quando crescemos. É o famoso "eu era feliz e não sabia".

Tive uma infância humilde e feliz, e isso foi importantíssimo para mim, porque me fez aprender que a felicidade não está diretamente ligada ao dinheiro. Acho que essa é uma das lições primordiais da nossa vida.

Eu nem entendia que não tínhamos uma boa condição financeira; meus pais não me deixavam perceber. Nunca passei fome nem fiquei sem roupa para vestir. Como eu disse, não fui pobre nem miserável, fui humilde. Cresci sabendo fazer escolhas, percebendo o que era prioridade na vida, e não havia mal nenhum nisso. Eu não tinha os brinquedos da moda nem roupas de marca, mas tinha pais maravilhosos e cheios de imaginação.

Eles brincavam muito comigo! Ahhh, brincavam demais e me ensinavam a construir meus próprios brinquedos! Tudo era possível com sucata, inclusive transformar o nosso Natal.

Não lembro exatamente quantos anos eu tinha; sei que era bem pequena, pois foi antes de a minha irmã chegar. Eu achava o máximo ver na TV os filmes e propagandas de Natal mostrando lindas árvores decoradas enfeitando a sala. O meu sonho era ter uma árvore de Natal para que o Papai Noel tivesse onde colocar os presentes. Pedi para os meus pais comprarem uma para nós, mas seria um gasto supérfluo que não poderíamos fazer.

Minha mãe, porém, falou que não íamos deixar de ter uma árvore só porque não podíamos comprar uma. Começamos a guardar potinhos de iogurte e caixinhas de fósforos, e eu não entendia muito bem por quê.

Ela pegou um guarda-chuva e tirou o tecido, deixando só a armação, juntou todos os retalhos de panos verdes que conseguiu encontrar e começou a cobrir tudo aquilo.

Super-heróis da minha infância.

Com os potinhos de iogurte e alguns barbantes fizemos sininhos para pendurar na nossa árvore de guarda-chuva. As caixinhas de fósforos foram cobertas com recortes de revistas, virando presentinhos coloridos.

E assim, sem muito dinheiro, mas com criatividade e amor, eu tive um Natal superfeliz, com a árvore que tanto queria.

Anos depois, acho que eu já tinha uns 16 anos, finalmente resolvemos comprar uma árvore para decorar a casa. Era uma miniárvore de Natal, que custou 20 reais, mas era exatamente igual àquelas que eu via nos filmes, com direito a estrela dourada na ponta e tudo. Foi muito legal finalmente ter uma árvore de Natal, mas... preciso confessar que, para mim, perdeu um pouco a graça; ficou igual a todas as outras.

Até hoje sinto falta da árvore de guarda-chuva.

Meus pais me incentivavam a brincar com brinquedos mais simples, achavam importante para o desenvolvimento da minha criatividade e raciocínio. Quebra-cabeças de madeira, bonecas de pano e livros de colorir foram os meus grandes companheiros de infância.

Morei em três casas antes da mudança para a casa onde passei a maior parte da minha vida. Da primeira eu não lembro; era muito bebê. A segunda ficava numa vila afastada da cidade, e de lá tenho somente quatro lembranças: meu aniversário de três anos, o abacateiro que tínhamos no quintal, correr para a janela para ver o trem passar cada vez que ouvia o barulho dele se aproximando, além de um dia em que apareceram uns homens com um pobre burro todo pichado com listras, cobrando para as crianças tirarem fotos com ele. Eu, acreditando que aquilo era uma zebra e não um burro, fiz de tudo para tirar a tal da foto.

Depois nos mudamos para um apartamento, ou melhor, *apertamento*, perto da casa da minha avó e da minha tia. Acho que ficamos dois anos naquele lugar. Foi lá que me tornei fã do Xou da Xuxa, aprendi a amarrar o sapato e quase morri engasgada com uma bala Soft. Não sei se ainda vendem essas balas, mas eram uma arma mortal! Meu pai me botou de ponta-cabeça, bateu nas minhas costas, mas só me salvou quando arrancou a bala da minha garganta com o dedo. Não foi uma cena bonita, mas pelo menos eu sobrevivi. Se você tem mais de 20, provavelmente se lembra dessa bala e talvez tenha quase morrido também.

Com cinco anos, surgiu a pergunta: "Ana, o que você acha de um irmãozinho?". Eu adorei a ideia, afinal já estava cansada de brincar sozinha, mas falei para os meus pais que queria escolher o nome, afinal o irmãozinho era para mim, e eu achava que era algo tipo um "cachorrinho humano" de quem eu teria que cuidar.

E foi aí que chegou a Anelise.

Tá aí a tal da zebra que me fez insistir tanto na foto.

Anelise

O nascimento da Anelise foi o ponto que determinou a nossa mudança para a casa da Petrópolis. O apartamento onde morávamos não comportaria duas crianças, então nos mudamos para um bairro mais afastado do centro, onde a rua era de paralelepípedos e carros eram um item raro.

Fomos morar em cima da firma onde meu pai, meu avô e meu tio trabalhavam. Nos mudamos para uma pequena sala que era para ser o escritório da empresa.

Minha mãe, sempre com criatividade e amor, transformou aquilo num lar. Usou os guarda-roupas para fazer divisórias e garantir que cada um tivesse seu espaço e sua privacidade. Até hoje eu me lembro do cobertor que ela colocou na janela para ser a nossa cortina. Eu amava aquela casa. Depois de algum tempo, meu pai conseguiu juntar dinheiro e ampliar aquele espaço, que passou a ter dois quartos, uma sala e uma cozinha.

Enfim, voltemos à Anelise. Dei esse nome a ela para homenagear uma aluna da minha mãe que sempre brincava comigo, cuidava de mim, era querida e companheira. Ela se chamava Anelise. Eu achei bonito e quis que fosse o nome da minha irmã.

Meu pai tentou me convencer a dar o nome de Ana Elisa, em função da tradição da nossa família de ter várias Anas Alguma Coisa, mas eu bati o pé e disse que seria Anelise.

"Apenas duas irmãzinhas no mundo", era isso que minha mãe dizia para nós cada vez que brigávamos. Acho que isso nos deu a noção da importância do laço que temos. Não importa o que acontecer ou os desentendimentos que tivermos, somos apenas duas irmãs no mundo todo, e a ligação que nós temos ninguém mais tem.

Minha irmã era (ainda é, mas não conta pra ela) a minha bonequinha. Sempre que podia, eu estava junto dela, vestindo, brincando e cuidando.

Nossos laços se estreitaram com a separação dos meus pais. Quando eles se divorciaram, eu tinha onze anos e ela, cinco. Minha mãe teve que começar a viajar por causa do trabalho, então eu e a Anelise passávamos cada vez mais tempo juntas.

Eu a levava e buscava na escola, ajudava com a lição de casa, brincava e cuidava, e conforme fui crescendo, as responsabilidades aumentavam... Até que um dia ganhei dela mesma o título de "irmãe".

Como "irmãe", eu tinha que ir às reuniões de pais e mestres, buscar boletins escolares e assistir apresentações do colégio, pois naquela época a mãe viajava muito e o pai não aparecia para essas coisas.

Uma vez, no Dia dos Pais, não lembro de que ano, as crianças prepararam uma homenagem para os seus respectivos. Lembro que saí correndo do vôlei para dar tempo de assistir à apresentação. Cheguei lá de uniforme ainda, usando joelheiras, ofegante, mas consegui ver a minha irmã cantar, para mim, "No meu coração você vai sempre estar", da trilha sonora da animação *Tarzan* (música composta pelo Ed Motta, interpretada por ele e pela Suely Franco).

Não tenha medo,
pare de chorar.
Me dê a mão,
venha cá.
Vou proteger-te de todo o mal,
não há razão pra chorar.
No seu olhar
eu posso ver
a força pra lutar

e pra vencer.
O amor nos une para sempre,
não há razão pra chorar,
pois no meu coração
você vai sempre estar.
O meu amor contigo vai seguir.
No meu coração, aonde quer que eu vá,
Você vai sempre estar aqui.

Ela devia ter uns sete ou oito anos, fazia aquelas coreografias de criança, se balançando, mexendo os bracinhos, cantando e olhando para mim. Eu olhava em volta e via os pais, todos com cara de quem saiu do trabalho para ver os filhos se apresentarem.

Eu era a única menina, a única "irmãe". No fim da coreografia, as crianças saíam e abraçavam os pais. Ela veio correndo, com os bracinhos esticados, me abraçou e nós duas choramos, sabendo ali que a nossa relação era muito mais forte que a de duas irmãs. É um amor de mãe e filha, mestra e aluna, amigas, cúmplices, companheiras, pessoas que se completam e nunca se abandonam.

Confesso que abdiquei de algumas coisas da adolescência em função da minha irmã. Eu não era uma menina que saía à noite para a balada, como todas as outras; eu ficava em casa, assistindo desenho com ela, comendo pizza e tomando Coca-Cola.

Eu cuidei dessa boneca, minha boneca, minha Ane, com todo o amor e carinho do mundo. Eu a ensinei a ouvir música boa, ter uma personalidade forte, bagunçar (às vezes) na aula, e tive com ela todas as conversas que precisamos ter sobre meninos. Aliás, temos até hoje.

Posso afirmar com toda a certeza do mundo que, se eu precisasse, faria tudo de novo, exatamente igual. Porque era muito mais divertido passar uma noite brincando e cuidando da minha irmã do que ir para as baladas, ter namorinhos de colégio ou qualquer coisa que as adolescentes fazem.

Como nós nos divertíamos! E continuamos nos divertindo! Assistimos aos mesmos filmes de antes, porém agora temos *Friends* e *O senhor dos anéis* incluídos na lista... Hoje nós abdicamos da pizza e da Coca-Cola, buscamos alternativas mais saudáveis e usamos o mesmo truque de antes para não precisar lavar a louça. A diferença é que a mãe não cai mais nessa.

Quando eu tinha uns 16, sempre, depois do almoço, nós íamos correndo para o quarto e fingíamos estar tirando uma soneca. A mãe se derretia de amores pelas duas, que pareciam anjinhos dormindo: “Ai... minhas filhas... meu amor... minhas lindas... vou deixar vocês dormindo... vou lá lavar a louça”.

Minha bonequinha.

Quando ela ia embora, nós caíamos na risada. Hoje em dia, como estamos mais crescidas, cada louça para lavar é um quebra-pau lá em casa, uma negociação interminável para ver quem pode se safar. Bem... em qual casa isso não acontece?

Por falar em quebra-pau, tenho que dizer que nós temos brigas épicas de cinco minutos, em que nos odiamos e queremos nos matar. Depois que passa, já estamos nos amando e sendo felizes de novo.

Amo demais essa menina. Ela é grande fonte de força e motivação para tudo o que faço, desde sempre e para sempre.

TE AMO, ANEEEEEE... Opa... desculpa. Me empolguei. Mas me conta aí. Você tem irmãos? Mais novos ou mais velhos? Como é a sua relação com eles?

Agora é com você

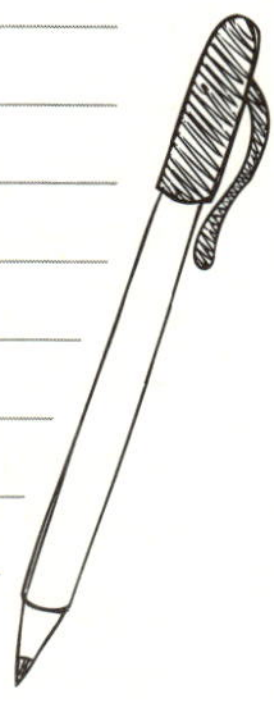

Não estou **entendendo**

Bom, vamos voltar à linha do tempo. Como eu disse antes, o nascimento da Anelise nos fez mudar para a casa da Petrópolis, que trouxe muitas experiências boas e também muitos acontecimentos confusos para minha cabeça.

Eu adorava morar naquele bairro, onde mal passavam carros e brincar na rua era rotina. Andar de bicicleta, soltar pipa, jogar bola, pega-pega, esconde-esconde e qualquer outra atividade que envolvesse os meus vizinhos e muita diversão. Eu tinha um monte de vizinhos mais ou menos da mesma idade que eu, e isso facilitava a convivência. Tinha também meus primos e prima.

Isso tudo era muito bom, e só me deixou lembranças boas. Morávamos tão perto que combinávamos a hora que íamos sair simplesmente gritando pelas janelas. Coisa de interior. Hahahaha.

Parágrafo pequenininho só para falar de uma das coisas mais legais da minha infância lá na Petrópolis: olhar nada acontecer pela janela. Juro. Isso mesmo. Eu adorava ficar horas olhando pela janela de casa, embora nada emocionante acontecesse. Cachorros passando, pássaros pousando nos fios elétricos. Às vezes, só o vento batendo nas folhas e flores já era legal. Sinto falta disso. Hoje em dia, ao olhar pela janela, só vejo o prédio da frente, um nada meio morto, completamente diferente do nada do interior.

Quem não brincou na rua
não sabe o que perdeu.

Ok, meta pra vida: morar em uma casa em que eu possa olhar nada acontecer pela janela. Pode ser apartamento também. Só sei que quero poder olhar esse nada, que é tão legal e me faz pensar em tanta coisa.

Mantenha essa ideia na cabeça. É bom ter um objetivo, por mais distante que ele seja. Assim, quando você caminhar, realmente vai chegar a algum lugar. Uma pessoa sem metas fica andando em círculos a vida toda.

E você? Em que tipo de casa gostaria de morar?

Agora é com você

Em contrapartida, apesar de gostar da casa da Petrópolis, algumas coisas me deixavam confusa, triste e até com raiva de morar lá.

Meus parentes do lado paterno moravam todos muito próximos, e, conforme o tempo foi passando, a impressão que me dava é que todos criaram uma competição entre eu e a minha prima, que era um ano mais velha. Eu não entendia o porquê daquilo, afinal só queria ser amiga e brincar com ela, mas era assim e seguiu dessa forma por muito tempo.

Eu era meio moleca, gostava de correr na rua, vivia com os joelhos roxos de tanto cair, curtia me sujar, fazer arte, falar alto, sempre estava contando piadas, não me importava em me vestir como menininha e... bem... nem gostava de pentear o cabelo.

Minha prima não era assim. Era bem-comportada, se vestia como menina e era tudo o que a família desejava. Nós duas não notávamos muito essa diferença, porque gostávamos de brincar juntas e nos divertíamos assim mesmo.

Lá pelos meus oito ou nove anos, alguns dos tios começaram a deixar clara a preferência por ela. Às vezes até o meu pai demonstrava isso; ele é padrinho dela e eu me lembro de alguns presentes que pedi para ele e que ele deu para ela e não para mim.

Eu não conseguia entender por que eles não gostavam de mim. Só sei que, às vezes, ir à casa dos meus parentes era doloroso. Eu fazia de tudo para evitar que isso acontecesse, porque os olhares e comentários de comparação com minha prima eram terríveis. Reuniões de família? Eu odiava.

Nessa época, comecei a comer muito, acho que como forma de fuga, e então me tornei uma criança gordinha. Ok, vamos dar uma pausa agora e prestar atenção no diminutivo.

Gordinha. I-N-H-A.

Deu pra entender?

Eu não era uma criança gorda e muito menos obesa, era levemente acima do peso. Tinha barriga de criança e não curvas de mulher, não usava top e shortinho, preferia camiseta e calça de moletom. Sinceramente? Não tinha nada de alarmante no meu peso. Era algo que com o tempo e algumas adaptações na alimentação seria remediado. Mas os meus parentes começaram a me ridicularizar por isso, embora todos estivessem acima do peso e alguns fossem obesos.

Conforme a Anelise foi crescendo e se tornando uma criança linda, as comparações passaram a acontecer não somente com a minha prima, mas com ela também, o que exigiu um grande esforço da minha parte para entender que a minha irmã mais nova não tinha culpa nenhuma. Eu sabia que jamais deveria ficar com raiva dela.

Nunca vou me esquecer de um dia em que o meu tio perguntou para nós duas:

— E aí, gurias... O que vocês querem ser quando crescerem?

— Eu quero ser modelo, tio!

Foi o que a minha irmã respondeu. Ela era apaixonada por moda e vivia folheando revistas. Então, eu respondi:

— Eu ainda não sei.

— Pode ser qualquer coisa, menos modelo, né? Porque feia e gorda assim não tem como ser modelo...

Com essa resposta, o meu tio me fez chorar escondido por semanas.

Outra vez, um cliente do meu pai veio falar que criava cavalos e que nós devíamos visitá-lo para um passeio na sua fazenda. Minha tia comentou: "É... Mas é preciso um cavalo muito forte pra aguentar a Ana Maria, não é?!". E todos caíram na gargalhada.

Vamos fazer uma pausa novamente, mas desta vez por dois motivos. Primeiro, para eu me recompor do lado de cá do computador, porque está difícil escrever sobre tudo isso. Algumas lágrimas estão correndo por aqui. Só um minuto que vou ali tomar uma água.

Ok.

O segundo motivo é refletir um pouquinho sobre o que nós falamos para as crianças. Nenhuma criança é idiota ou sem memória. Tudo o que falamos ou fazemos fica guardado em algum lugar ali dentro, e, por menos importante que pareça para nós, pode fazer um estrago muito grande naquela mente e personalidade.

Eu tinha dez anos de idade. Mesmo sendo gordinha, eu pesava menos do que qualquer adulto da minha família, e ainda assim eles me fizeram acreditar que eu era uma obesa mórbida e horrenda. Me fizeram sentir um monstro!

Sentindo vergonha de quem eu era e me achando cada vez mais feia, comecei a me esconder o máximo que podia por baixo de roupas de menino, bonés e camisetas largas. Eu usava camisetas masculinas GG e escondia o meu corpo porque o considerava disforme. O mais curioso é que só fui notar isso depois de muito tempo; era algo que eu fazia inconscientemente.

Embora eu sofresse todos esses "ataques" da família, dentro de casa eu tinha um porto seguro, me divertia demais com minha mãe, meu pai e minha irmã, me sentia acolhida e passava muito tempo envolvida com as nossas atividades culturais.

Minha mãe começou a trabalhar em uma biblioteca infantojuvenil.

Então, todo fim de semana ela trazia sacolas cheias de livros para casa. Eu e minha irmã adorávamos; era como receber presentes. Foi assim que eu me apaixonei pelo mundo da literatura.

Com isso, acabei me tornando uma menina criativa, contadora de histórias e ent... Ahhh, é verdade! Para tudo! Obrigada por lembrar! Eu ia falar sobre o fato de a minha mãe ser contadora de histórias.

Minha mãe trabalhava com teatro, era professora, poetisa, funcionária da biblioteca e lá era contadora de histórias. Mulher-Maravilha é pouco, convenhamos. Sempre chegava com um livro diferente e contava alguma história para nós, ensaiando para poder contar a outras crianças alguns dias depois. Foi ela, inclusive, quem me apresentou o RPG, jogo de interpretação que começava a ficar conhecido no Brasil. Certo. Podemos continuar... Ufa... Ainda bem que não esqueci!

Encontrei nas artes uma espécie de válvula de escape. Eu não precisava me preocupar se o livro gostava ou não de mim para poder lê-lo, ou se as tintas se importavam se eu era gorda ou não para poder usá-las e pintar a tela. Cheguei a frequentar uma escolinha de criatividade em Passo Fundo, onde fazíamos brincadeiras com sucata e argila. Eu adorava.

Nessa época também comecei a fazer aulas de teclado, mas odiava ter que ler partituras. Para minha sorte, o professor só trazia sucessos da MPB para que eu aprendesse, músicas que eu conhecia extremamente bem, afinal meu pai as ouvia o tempo todo. Então, eu tirava tudo de ouvido e fingia que estava lendo as pautas. Ele ficava impressionado comigo: "Essa menina tem talento!", dizia ele, e eu ria internamente.

Mas isso não passaria impune com a minha família da Petrópolis, não é?! Obviamente, começaram me ridicularizar por isso também. Diziam que eu era uma menina sem futuro, que vivia com a cabeça na lua; minha avó vivia dizendo que eu era mentirosa por inventar tantas histórias.

Minha mãe respondia: "Criança não mente, criança sonha...".

Ai, mãe, te amo!

Com o tempo, acabei me acostumando com a imagem de ovelha negra da família, a ser apontada como a errada, a feia e gorda, então decidi deixar o tempo passar.

Não havia muito o que fazer.

Nesse meio-tempo, descobri uma nova distração, que eram os Hanson, banda formada por três irmãos loirinhos de Oklahoma que virou febre no mundo todo. Obviamente eu fui uma fã enlouquecida, e os meus pais apoiaram essa fase o tempo todo.

Mas a grande válvula de escape, o lugar onde eu me encontrei e que eu sabia que era a melhor terapia para mim (pois ninguém poderia me incomodar lá), foi o esporte.

E foi então que eu encontrei o meu primeiro grande amor.

A menina com a cabeça na lua.

O voleibol

★ ★ ★

Muito moleca e hiperativa, tudo o que eu mais queria era chegar à idade certa no colégio para poder fazer as aulas extracurriculares esportivas. Quando completei 10 anos e comecei a estudar no Notre Dame, corri para conferir as atividades que eu poderia fazer.

Futebol!!!!

— Mãe! No colégio tem futebol feminino! Posso fazer?

— Não. Isso não é coisa de menina.

Handebol!!!!

— Mãe! Posso fazer handebol, então?

— Não. Handebol é a mesma coisa do futebol, só que com a mão. Tem muito contato.

Basquete!!!

— Mãe! E basquete?

— Não, porque é muita correria e todo mundo acaba se batendo, você vai se machucar. Faz vôlei, que fica um time de cada lado e ninguém se encosta.

— Tá.

E, assim, eu me inscrevi no time de vôlei do colégio. Mal sabia eu que iria me apaixonar loucamente por esse esporte e que ele seria decisivo na minha vida.

Segunda, quarta e sexta, às 13h30, era o treino do time pré-mini do colégio. As crianças aprendiam os princípios básicos do vôlei: como fazer um toque, uma manchete, qual era o melhor saque, como se posicionar em quadra, e eu amava toda aquela experiência. Gostava tanto que fiz meu pai comprar uma bola e treinar comigo nos fins de semana. Eu queria aprender e ser a melhor!

Tá bom, talvez não A melhor. Mas eu queria ser a melhor que pudesse, não ia deixar o meu peso me influenciar em nada! Ia correr, pular, sacar, jogar e fazer o que estivesse ao meu alcance.

Fazendo isso, acabei me destacando no time e o treinador me chamou para jogar em mais de uma categoria. E aí começou o meu vício.

Chegou a um ponto em que eu fazia treinos com três categorias: a da minha idade e duas acima. Era titular nas duas primeiras e reserva na última, e isso me deixava feliz demais!

Não me importava com o bullying no colégio (vamos falar disso mais tarde, não me deixe esquecer. Notou que você me lembra de todas as coisas, né? Obrigada por isso!); não me importava com os meus parentes me enchendo o saco nem com as constantes brigas dos meus pais.

Quando eu entrava na quadra, o meu mundo era a bola, a rede e nada mais.

Acabei escolhida para ser capitã do time da minha categoria, e foi uma das sensações mais legais que já vivi. Não por achar que eu pudesse ser melhor do que alguém, mas por sentir que eu era responsável por algo. Na hora de negociar e representar o time, o meu nome era chamado.

Eu gostei desse papel.

O nosso time era muito bom. Chegamos a ser campeãs do Estado do Rio Grande do Sul uma vez. Tenho todas as medalhas guardadas até hoje.

Uma das minhas coisas preferidas era chegar em casa com uma medalha pendurada no peito. Por que raios eu ia guardar a medalha para pegar o ônibus e voltar para casa? Nada disso! Eu ia com ela pendurada, chegava lá e mostrava toda orgulhosa para a minha mãe, que me recebia dizendo "Medalhamedalhamedalha!!!" (imitando o Mutley da *Corrida maluca*).

O início do **colégio**

Já que estamos falando do vôlei, que era a minha grande paixão, acho que é legal você saber um pouquinho sobre os meus tempos de escola.

Afinal, essa é a época em que você define o seu caráter e personalidade, recebe a influência de professores, amigos e, claro, aqueles colegas que te torturam.

Tenho que agradecer aos meus pais, que, embora não tivessem muito dinheiro na época, sempre deram um jeito de priorizar a minha educação, por isso sempre estudei em escolas particulares.

Minha mãe decidiu me matricular no Bom Conselho, primeiro colégio no qual estudei. Entrei na pré-escola com cinco anos e segui até a quarta série, quando fiquei de recuperação pela primeira vez.

Eu curtia muito estudar e aprender.

Me distraía fácil com as coisas em volta – um pássaro, um reflexo de carro passando na rua –, mas tentava ao máximo entender o que se passava na escola.

Lembro que, naquela época, eu já aprontava muito e...

Será que conto isso pra você?

Bom, suponho que você não esteja mais na quinta série e não vá repetir esse comportamento, então, vamos lá...

Coisas que eu aprontava na escola:

- Quinze minutos antes do intervalo, eu saía da sala e entrava nos cubículos do banheiro para trancá-los por dentro e escapar pelo vão da porta.

- Eu comprava aquelas melecas coloridas que grudam na parede e jogava no teto da escola. Achava lindo o efeito multicolorido, mas o pessoal da limpeza não curtia.

- Ia na sala do xerox e dizia para as meninas que a professora tinha me mandado buscar giz. Então, eu desenhava nos muros da escola. Flores, borboletas e até uma declaração pro Renatinho, da sétima série, que eu achava um "homem lindo". Quando as freiras descobriram que era eu quem desenhava no muro, me deram um balde com água e um pano e me fizeram limpar.

- Eu matava aula dizendo que estava com dor de barriga e ia para a sala da Prô Maria para deitar no sofá, tomar chazinho e dormir.

- Eu fazia exposições forçadas pendurando meus desenhos da aula de educação artística nas janelas e corredores do colégio.

- Juntava vários "tazos" (aquelas fichas redondas que vinham dentro dos salgadinhos e tinham vários temas, como Looney Tunes etc.) e fazia sorteios para a galera, jogando tudo da janela em direção ao pátio.

- Entrava na sala de som e colocava Raul Seixas para tocar no intervalo.

Enfim, a lista é gigante. Digamos que eu era uma menina cheia de energia para gastar. Nessa época começou a pressão para eu fazer atividades extracurriculares, e minha mãe queria que eu fizesse dança. Quando fomos assistir à aula de balé e eu vi as meninas usando o famoso tutu, tive um ataque. "MÃE! OLHA ESSA SAIA! EU VOU FICAR PARECENDO UM ABAJUR!"

Aí você pensa: "Nossa... A Ana é uma menina de atitude! Isso aí! Revoltada com o sistema!", mas acho que é a hora de contar a verdade, já que estamos íntimos.

Eu achava balé lindo, mas, quando vi que para dançar precisava usar uma roupa megacolada e uma saia que quase mostrava a bunda, não tive coragem de começar, porque me achava muito gordinha e tinha medo de sofrer bullying por isso.

Eu já estava começando a me habituar com os apelidos: gordinha, baleia, rolha de poço, Mônica.

Acabei me inscrevendo no jazz e no hip hop, aulas em que eu poderia usar camisetas, calças largas e tênis.

Depois de tanto aprontar e me distrair, é óbvio que um dia o preço ia chegar. Na quarta série, fiquei de recuperação em matemática. Soma e subtração de frações foi complicado demais para a minha cabeça. Foi a primeira recuperação do resto da minha vida de recuperações no colégio.

Depois que passei de ano, meus pais decidiram que era hora de trocar de escola, e então eu passei a estudar no Notre Dame, palco dos momentos de maiores alegrias e sofrimentos da minha vida.

Que comece **o pesadelo**

No Notre Dame eu fiz grandes amigos, com os quais mantenho contato até hoje. Foi lá, também, que conheci a verdadeira dor de sofrer bullying. Eu era a a mesma menina que usava roupas de menino e não gostava de pentear o cabelo. A diferença é que agora eu praticava vôlei, e isso me dava certa segurança.

Não me importava em me vestir como as outras meninas, porque era uma esportista. Era normal ir para a aula usando calça de moletom e cabelo amarrado. Os meninos já me chamavam de "jeca" nessa época, mas eu tentava não me deixar abater.

À medida que eu ia crescendo e chegando à puberdade, porém, as coisas começaram a piorar. Todas as meninas estavam ganhando curvas, usando maquiagem e se arrumando. Eu continuava gordinha e agora tinha sobrancelhas gigantes e buço (o famoso bigodinho). Lembro que pedia: "Mãe, pelo amor de Deus, me deixa tirar isso da cara. Pode ser com cera, pinça, creme, qualquer coisa, mas deixa eu tirar isso".

Ela não deixava. Dizia que eu ainda era criança demais para isso, que eu tinha que aceitar minhas origens portuguesas e italianas, que não queria que eu usasse nenhuma química no rosto.

Naquela época ela era meio hippie e hoje em dia entendo e agradeço o que fez comigo, mas quando eu tinha 12 anos aquilo me dava sensação de morte.

Tentei não me importar com os comentários, mas não consegui. Comecei a usar somente roupas pretas, me vestir mais ainda como menino e evitava ao máximo ficar perto das meninas, porque me sentia mal próxima delas – como se eu fosse inferior e os meninos fossem sempre me apontar como A FEIA do grupo.

Foi aí que comecei a desenvolver a grande habilidade de fazer amizade com meninos e comecei a gostar disso. Já que eles me encaravam como outro menininho, não se importavam com a forma como eu me vestia ou como eu me parecia: só queriam dar risada comigo, e isso era muito legal.

Mas o tempo foi passando e isso não era mais suficiente. Eu queria me sentir aceita no grupo, aceita pela sala de aula. Eu era chamada de feia, macaca, gorda, gorila, Olívio (ex-governador do Rio Grande do Sul que era conhecido pelo imenso bigode), baleia e todos os nomes que você pode imaginar. Ai, ai... Difícil escrever essas coisas, sabia?

Você não sabe, mas entre o capítulo anterior e este eu fiquei uns quatro meses sem escrever. Justamente porque estava evitando sentir essas dores todas de novo. Mas ok. Vamos continuar.

Lembro da sétima série, quando entrou um menino novo na sala, chamado Fernando.

O Fernando vinha de uma escola estadual, tinha cara de malvado, era tão revoltado e excluído da turma quanto eu. Desconfiado de todo mundo, não queria fazer amizade com ninguém. Nosso primeiro contato foi uma grande briga na sala. Eu era fã de Hanson e Backstreet Boys, ele insistia que todos eram gays, e aí nós começamos a discutir

(Pausa pra lembrar que adolescente briga por coisas ridículas.)

Obviamente, depois que a poeira baixou, viramos amigos. Nós nos entendíamos porque tínhamos as mesmas revoltas. Só que, para minha desgraça, acabei me apaixonando pelo guri.

Ah... Fernando. Eu suspirava, mas jamais teria coragem de contar que gostava dele. Imagina. Ele nunca olharia para mim como menina. Eu era gorda, feia, bigoduda, me vestia de menino. Não, não. Eu ia guardar esse sentimento para sempre.

Um dia... lembro até hoje. Aconteceu algo que me destruiu por dentro. Estávamos fazendo trabalho em dupla. O Fernando sentou com o Carlos e eu obviamente fiquei sozinha. Enquanto eu pegava meu compasso e desenhava na carteira (porque obviamente era muito mais interessante que estudar), ouvi uma conversa dos dois falando sobre as meninas da sala, sobre com quem ficariam ou não. Quem perguntava era o Carlos, e o Fernando respondia.

— E a Aline?

— A Aline é engraçada, mas muito patricinha.

— E a Júlia?

— Nossa... a Júlia tem uns "peitão", nem sei como lidar.

— A Roberta?

— Aff... metida pra caramba.

A cada nome citado, o meu coração batia mais forte. Parecia que eu não ia mais conseguir respirar. Será que vão citar o meu nome ou eu sou tão invisível assim?

— E a Ana?

É agora... O que será que ele vai dizer?

— Ah, cara... A Ana é muito legal. Eu ficaria com ela.

QUE ALEGRIA!!! Não consegui conter o sorriso.

— Mas... não dá pra aguentar aquele bigode dela. Então não tem jeito.

Meu coração silenciou. O sorriso sumiu. Esperei alguns minutos para ver se a minha respiração voltava ao normal, então me levantei e fui ao banheiro, onde chorei pelo resto do período.

Não entreguei o trabalho, tirei zero, voltei para casa e chorei o resto do dia.

Foi então que resolvi conversar com a minha mãe e, entre lágrimas, disse que precisava fazer alguma coisa, que não aguentava mais todos os apelidos. Fomos ao salão de beleza e eu chorei enquanto a mulher fazia minha sobrancelha e descoloria o meu buço.

A revolta e **o rock 'n roll**

Comecei a me revoltar com tudo. Meus pais já eram separados, eu não suportava a família do meu pai, minha mãe trabalhava muito e eu tinha que cuidar da minha irmã. Ficava de recuperação em três ou quatro matérias todo ano porque não gostava de estudar e preferia ficar ouvindo música ou riscando nas mesas.

Nada melhor para acompanhar esse momento de revolta que conhecer o mundo do rock 'n roll. Não lembro exatamente como, mas um belo dia ouvi uma música que, para mim, soou como pura poesia:

Liberdade de expressão!!!
Deixa eu falar, filha da puta!!!
Expressão!!
"A livre expressão é o que constrói uma nação
Independentemente da moeda e sua cotação"
Deixa eu falar, filha da puta!!!
Expressão!!
("Deixa eu falar", de Alexandre Carlo, Black Alien, Rodolfo, Digão e Fred)

Fiquei encantada com aquela revolta toda. Era exatamente isso que eu queria fazer! Eu queria gritar e não ser julgada por isso!

Foi aí que comecei a ouvir Raimundos. Juntei umas moedas e comprei o CD *Só no forevis*, que escutava todos os dias incessantemente. O CD era cheio de letras esdrúxulas, muito palavrão e putaria. Minha mãe, tadinha, tinha que aguentar a filha revoltada ouvindo isso a todo o volume. Depois disso, aderi ao preto como uniforme, bandanas e All Stars para completar o visual "não me encha o saco" de roqueira.

Me encantei por Metallica no momento em que ouvi o *Black Album* pela primeira vez, na casa de um primo. "Nothing Else Matters" é uma letra que me arrepia até hoje e que me dava certa calma naquela época. Cada vez que eu era confrontada com palavras que me machucavam, eu tentava lembrar da música e pensar que "nada mais importa".

Foi o suficiente para dar mais material para os meninos que me atacavam no colégio. Para eles, além de feia, gorda e ridícula, eu ainda era metaleira, e isso aparentemente era motivo para piada. Quando eu entrava na sala e caminhava até a minha carteira, eles começavam a pular e bater as mesas no chão, como se o meu peso estivesse causando um terremoto.

Jogavam papéis com cuspe em mim. Sempre que eu passava pelo corredor, eles se posicionavam em ambos os lados, me obrigando a passar pelo centro e dando rasteiras.

O que me fez segurar a barra foi o meu grupo de amigos da sala. O grupo mais heterogêneo que já vi na vida. Algo meio Clube dos Cinco. Lembro que, quando chegavam as noites do fim de semana e com elas a pergunta "E aí? O que vamos fazer?", a minha resposta às vezes era: "Não posso sair, galera... Tenho que cuidar da minha irmã". Mas isso nunca foi problema. Nós nos juntávamos na minha casa para assistir filmes, comer pizza e, naquele momento específico, ser felizes.

A música, o vôlei e os meus amigos me ajudaram a passar por muitas barras. Eu ia de ano em ano, de recuperação em recuperação, esperando o tempo passar. Só queria terminar o colégio e sair dali.

Sempre existe **um lado bom**

Você deve estar pensando: "Caramba, mas a adolescência da Ana foi tão ruim assim? Ela só sofreu no colégio?!". E a resposta é: óbvio que não, né?!?!

Sofrer bullying foi uma coisa que me machucou, mas me fez aprender e fazer MUITA coisa durante minha adolescência. A perseguição me formou como pessoa, me preparou para o futuro, e é sobre isso que eu quero falar agora.

Sabe aquele tipo de coisa que você só nota quando fica velho? Pois é. A maturidade me fez perceber o quanto foi importante aquela fase patinho feio e o quanto a minha mãe estava certa em me fazer ver mais do que a aparência.

Como eu tinha essa parede na minha frente, de me achar feia e desinteressante, acabei buscando outras formas de me manifestar e fazer coisas.

Li muito, me engajei politicamente, participei de grupos de debate e me dediquei demais às artes e à filosofia.

Foi nesse momento que aprendi que as pessoas são mais do que a aparência. Não importa como você se parece: o que realmente conta são as suas atitudes e o que faz para você e para os outros.

Lembro que, na adolescência, eu ficava imaginando mil formas de me vingar de quem me maltratava. Ensinada pelos filmes norte-americanos, me imaginava jogando meleca em todo mundo, contratando alguém para bater na galera, colocando fogo ou outros absurdos assim.

Às vezes eu imaginava que faria um discurso vitorioso na formatura da escola, mostrando o quanto desprezava todo mundo, mas não foi assim. Ainda bem.

Nessa época eu notei que era diferente dos outros. Enquanto as meninas queriam ser populares, ter mais peito ou usar salto alto para ir para o colégio, eu pensava em formas de criar movimentos para ajudar as pessoas, nas discussões da aula de filosofia e em me manter diferente de todo mundo.

Foi nesse momento que decidi que não me vingaria de forma alguma. Ia engolir qualquer ofensa que recebesse e transformar tudo em força para fazer o bem. Decidi que não queria ser como os meninos e meninas que me faziam sofrer. Eu jamais iria ser responsável diretamente pelo sofrimento de alguém.

Decidi ser uma pessoa boa. Verdadeiramente boa, que faz o bem sempre que pode.

Meus amigos e eu criamos um grupo chamado SuperAção, que pensava em formas de ajudar as comunidades da cidade e conscientizar as crianças do colégio sobre cidadania.

Em uma de nossas ações, conseguimos arrecadar quase uma tonelada de alimentos para uma aldeia de índios próxima da cidade. Foi ali que percebi o quanto eu podia ajudar os outros com a palavra e ações de engajamento.

Percebi que há coisas muito mais importantes para preencher a nossa alma que preocupações fúteis com roupas e marcas que não acrescentam nada à nossa vida.

Sofrer bullying foi muito difícil, mas me transformou numa pessoa mais forte para enfrentar o mundo.

Tá, falei demais.

Quer me contar sobre a sua vida na escola?

Vai lá, puxa pela memória!

Agora é com você

Tá, **Ana!**

Eu sei o que você deve estar pensando agora: Tá, Ana! Tá tudo muito bom, tudo muito bem, mas até agora as coisas parecem muito tranquilas. Uma menina sofrer bullying na escola é "normal", não tem nada de especial; qual é a moral deste livro?

Bom, antes de tudo calma, CAAALMA!

Plaft, plaft! (dois tapas na cara)

Agora é hora de apertar os cintos, porque a história que eu quero contar vai começar pra valer. Você não iria entender nada se eu não tivesse contado desde o comecinho.

Eu estava com quase quinze anos, e...

Espera, melhor começar outro capítulo, porque a história é realmente importante. Bora lá? Hummm, vai sobrar um espação gigante em branco aí... Aproveita! Cola uma foto ou faz um desenho bem bonito :D

Apertem **os cintos**

Deixa eu situar você exatamente onde estamos.

Eu tinha 14 anos, sofria bullying da minha família paterna e dos colegas de escola. Faltavam apenas dois anos para concluir o colégio, e na minha cabeça aquilo era um alívio, porque eu sabia que ia encerrar um período de tortura. O vôlei era a minha válvula de escape, onde eu me sentia bem, completa e feliz. Se alguém perguntasse: "Ana, o que você quer ser quando crescer?", a minha resposta seria automática: "Capitã da seleção brasileira de vôlei". Simples assim. Esse era o meu objetivo.

Eu já tinha decidido que ia fazer faculdade de educação física e me esforçaria ao máximo para conseguir realizar esse sonho. Estava pronta para tentar uma bolsa para jogar e estudar em uma universidade em Porto Alegre. Tudo estava se encaixando. Eu estava prestes a trilhar meu caminho para a felicidade.

Como jogava no meu time e em mais duas categorias acima dele, eu chegava no ginásio às 14h30 e saía às 18h30. Chegava correndo, pegava a bola e já saía jogando pela quadra. Odiava perder tempo com aquecimento ou alongamento (pois é, naquela época eu achava que era perda de tempo).

Basicamente, o vôlei era o meu momento bom. Era um presente feliz e um futuro promissor. Naquele ponto, o vôlei era tudo o que eu tinha.

Num dia não tão belo, numa tarde de treino, o professor liberou todas as meninas para beber água e descansar cinco minutinhos.

Beber água? Descansar? Nunca! Eu ia aproveitar que a quadra estava vazia para treinar o saque pulando, que era algo que eu ainda não tinha segurança para fazer.

Tentei uma, duas, três vezes até que... Bom, esse momento, que deve ter durado uns cinco segundos, na minha cabeça parece um filme.

Quiquei a bola de forma muito rápida com as duas mãos, exatamente sete vezes, levantei o tronco, girei a bola na mão e olhei para o outro lado da rede. Suspirei.

Joguei a bola girando para cima.

Lancei os dois braços para trás enquanto preparava a passada para saltar.

Passei. Saltei.

Subi os dois braços e bati na bola com toda a força que eu tinha.

Ela passou rasante e muito forte em direção ao outro lado, caiu exatamente no ponto em que eu queria.

Ainda no ar, eu pensei: “Caramba, que saque perfeito! Consegui!”. Mas, ao chegar ao chão, algo diferente me esperava.

Havia uma poça d’água, não sei se de chuva ou suor. Ao bater no chão, meu pé escorregou. Travando bruscamente, devido à lei da inércia, meu joelho continuou o movimento e deu um giro de quase 90 graus. Senti a maior dor da minha vida.

Deitada, segurando minha coxa e sem conseguir movimentar a perna, eu gritava, chorava e urrava.

“QUEBREI MINHA PERNA”, eu dizia. Minhas colegas vieram correndo e meu professor tentou me acalmar.

“Ana, vamos contar até três e eu vou colocar a sua perna no lugar. Força, comigo, tá?!”

Eu não sabia direito o que estava acontecendo. Sentia uma dor terrível, estava zonza e ao mesmo tempo conseguia VER o meu sonho de ser atleta indo embora. Em meio a lágrimas e urros, consegui olhar meu professor nos olhos e dizer.

— Tá...

— Ok, vamos contar... Um...

PLACT!

Ele colocou meu joelho no lugar no dois.

Fiquei deitada na quadra, tentando melhorar. Com a ajuda das colegas, fui mancando até o banco e assisti ao restante do treino, com muito mais dor no coração do que na perna.

A partir daí, entrei num dos piores ciclos da minha vida. Ao chegar ao consultório médico, a resposta foi:

— Ana, você precisa ficar com a perna imobilizada por um mês e sem jogar por três meses.

Aguentei a perna imobilizada, mas não aguentei ficar tanto tempo fora das quadras. Depois de dois meses, eu me sentia bem e achava que estava melhor. Lembro que pulava na frente da mãe e, parecendo uma criança de cinco anos, dizia:

— Me deixa jogar, me deixa jogar, me deixa jogar?!?!?!?

Minha mãe não deixava, e eu não conseguia acreditar. Com raiva dela, liguei para o meu pai, que disse:

— Se quiser voltar a jogar, volta. Mas, se você se machucar de novo, o problema é teu.

Naquela época, na minha cabeça, o que o meu pai falava era lei. Voltei para o treino no dia seguinte.

Cerca de duas semanas depois, me machuquei de novo. Fui ao médico e a resposta foi:

— Dois meses de perna imobilizada. Use uma joelheira para fortalecer o joelho e não volte a jogar antes de quatro meses.

As pessoas não conseguiam entender que, para mim, jogar vôlei era tão importante quanto respirar.

Voltei a jogar. Claro que não tinha cem por cento da força e da agilidade que tinha antes, mas ainda jogava bem. Obviamente por pouco tempo, pois me machuquei de novo.

Como da primeira vez, lembro do momento como se fosse um filme.

Era dia de campeonato. A levantadora mandou a bola para mim

e eu fiz todo o movimento como se fosse atacar na linha paralela. O bloqueio se formou e eu larguei a bola com muita sutileza na direção oposta. Esse foi o último ponto de campeonato da minha vida.

Quando eu caí, o meu joelho se deslocou de novo. Dessa vez não urrei nem gritei, mas senti uma dor muito maior que da primeira vez. Apenas segurei o joelho e, quieta, deixei as lágrimas rolarem. Meu professor me buscou na quadra e dessa vez eu não quis assistir ao restante do jogo. Fui chorar no vestiário.

Descobri depois que elas acabaram perdendo o jogo, mas a sensação que eu tinha é que havia perdido a minha vida.

Ao chegar ao médico, já cansada de ver a cara daquele sujeito, recebi a resposta que desejava nunca ter ouvido na vida:

— Você vai ter que parar de jogar.

Meu coração se apertou. Perguntei se não havia esperança, e a resposta foi:

— Você pode fazer cirurgia, mas a possibilidade de se machucar novamente é grande, porque, inconscientemente, você vai transferir todo o peso para o joelho direito.

Eu morria de medo de hospital e cirurgia, então decidi desistir do voleibol.

Matemática da **depressão**

Eta parte difícil de escrever. Sério, já comecei e parei umas seis vezes. Escrevo e apago, escrevo e apago, escrevo e apago. É que... Bom, a esta altura da história já posso considerar que somos amigos, né? A partir de agora vou contar uma parte muito difícil e sofrida, então espero que você segure a minha mão e leia com carinho e sem julgamentos.

Naquela época, cheguei a odiar muito essas pessoas e a pensar que agiam por pura maldade, mas já perdoei todo mundo e hoje acredito que tiveram seus motivos para fazer o que fizeram.

Até esse ponto eu já tinha machucado o joelho não sei quantas vezes (depois você volta lá no outro capítulo e conta pra mim? Obrigada). Já estava triste por ter que parar de jogar e abandonar a ideia de trabalhar com o esporte. Era uma menina hiperativa que não sabia onde gastar a hiperatividade.

Agora o bullying na escola me atingia muito mais, e ir para a casa do meu pai e conviver com os meus tios e avós era algo que me torturava.

Até então, a relação com o meu pai era complicada. Brigávamos muito por sermos parecidos e por termos gênio forte, mas o nosso laço ainda não havia sido cem por cento desconstruído.

Ele foi pai muito cedo, e acredito que, inconscientemente, me culpava por não ter aproveitado tanto a juventude.

Minha mãe sempre faz questão de me lembrar o quanto ele foi presente na minha infância, pois me assumiu e trabalhou duro para me criar. Eu acredito e agradeço muito por isso, mas depois de um tempo ele foi me deixando de lado e se tornando distante.

Eu era sempre a menina esquecida no colégio. Sabe aquela criança que fica esperando os pais irem buscá-la, mas eles não aparecem? Naquela época eu não tinha celular, então a única coisa que podia fazer era esperar mesmo.

O problema foi facilmente resolvido quando meu pai designou um dos funcionários da firma para ser meu "buscador" na escola. Nunca mais fui esquecida e criei uma relação de amizade muito próxima com esse cara, que considerei um grande irmão.

Até hoje rimos muito lembrando do dia em que tirei meu primeiro dez em uma prova de matemática. Fui toda orgulhosa mostrar para ele e A PROVA VOOU PELA JANELA DO CARRO!!!

Isso mesmo! O primeiro dez que eu consigo na vida e nem tive a alegria de pendurar na geladeira!

Enfim...

Depois de ter me machucado mil vezes e ter que parar de praticar o esporte que amava, continuei comendo exatamente o que comia na época de atleta, o que significa MUITO.

VAMOS FAZER AS CONTAS AGORA:

Muita comida - esporte + tristeza = ganho de peso

Com o ganho de peso e a tristeza extrema, o bullying da minha família aumentou muito. Começaram a se referir a mim como "aquela gorda da Ana, aquela inútil da Ana, aquela acomodada da Ana, aquela preguiçosa da Ana". Minha avó me deu até o apelido carinhoso de plasta. Plasta seria como uma meleca de algo nojento jogado no chão. "Parece uma plasta essa guria. É uma inútil, que não faz nada."

E AÍ? VAMOS CONTINUAR OS CÁLCULOS?

Ganho de peso + tristeza x bullying familiar - esporte = depressão

E assim começa a história. Contei tudo isso até agora para você entender como foi que eu entrei em depressão.

O problema é que as pessoas acham que a depressão é algo praticamente instantâneo, como um vírus que se pega e OPA! Ficou com depressão!

Na verdade não é assim. Para alguém ter depressão é necessária uma soma de fatores que derrubam essa pessoa. A luta para sair disso é diária e MUITO grande.

A partir daí, meu pai entrou na onda da minha família, que conseguiu convencê-lo de que eu era uma vergonha para todos. Afinal, eu não fazia nada, ia mal no colégio e só queria saber de comer e dormir.

Ele passou a me tratar de forma indiferente e deixava clara a sua preferência pela minha irmã. Quando eu pedia qualquer coisa, a resposta era sempre a mesma:

— Se vira!

Para ele eu também tinha me tornado uma inútil preguiçosa.

O que as pessoas não sabiam é que era extremamente difícil levantar da cama. Eu não gostava de viver, não via alegria nem vantagem nisso.

Uma das cenas que mais me magoaram foi a última vez que machuquei o joelho.

SIM!! Você achou que a saga do joelho havia terminado? Que nada!

Era um fim de semana de verão. Eu e minha irmã tínhamos ido para a casa do pai.

— Vamos visitar seus avós – disse ele.

Eu não gostei nada da ideia, mas fui assim mesmo. Como sempre, a família se reuniu em volta da TV para ver o *Show do Milhão*, do Silvio Santos, que meus avós adoravam.

Alguns vizinhos estenderam um fio de varal na rua, na frente da casa da minha avó, e começaram a jogar vôlei.

— Vem, Ana!

— Pai, posso jogar?

— Faz o que tu quiser. O problema é teu.

Fui. Seria um momento de felicidade no meu fim de semana.

O destino não tinha como ser outro. No primeiro movimento brusco que fiz, fui ao chão. Morri de dor e comecei a chorar. Os vizinhos não sabiam o que fazer, ficaram paralisados.

Eu não conseguia andar nem levantar. Sentia muita dor e as lágrimas escorriam pelo meu rosto. Chorando, gritei:

— PAI! ME AJUDA! NÃO CONSIGO LEVANTAR!

Ele me olhou lá de dentro da sala:

— Foi jogar porque quis. Agora se vira.

Senti aquela frase como uma facada no coração. Me arrastei até a grade da casa do meu primo, me segurei e levantei sozinha. Fui mancando e me segurando nas grades até chegar à sala da minha avó, deitei no sofá e fiquei chorando baixinho.

No outro dia, minha mãe me levou ao médico e a resposta era óbvia.

Cirurgia.

AC/DC

Que comece o momento AC/DC da minha vida. Essa é uma das fases importantes da história da "NaMaria". Ah é... Esqueci de contar que a galera na internet me chama de "NaMaria". Apelido megafofo. Se você quiser, também pode me chamar assim. E você? Tem algum apelido? Já me avisa que eu passo a te chamar assim.

Bom, como eu disse, minha vida tem alguns marcos importantes.

São eles:

- a cirurgia no joelho
- a viagem para a Europa
- a mudança para São Paulo

Eta, dei vários spoilers né?! Tudo bem, tem bastante história pra contar até lá. Faz de conta que você esqueceu que contei. Vamos voltar ao AC/DC.

Minha vida se dividiu entre Antes e Depois da Cirurgia. Hã? Hã? Entendeu? AC/DC...

A última vez que me machuquei foi no fim do ano de 2002. A cirurgia devia ser feita o quanto antes, e o único dia disponível era 27 de janeiro, ou seja, um dia antes do meu aniversário de 15 anos.

Isso mesmo. Enquanto muitas meninas estavam dançando valsa vestidas de princesa, eu estava no hospital. Mas posso falar a verdade? Eu nunca quis uma festa para dançar valsa vestida de princesa, então, por um lado fiquei feliz por ter um aniversário diferente.

Lembro até hoje como foi. Nunca tive tanto medo na vida. Sempre fui apavorada com essas coisas de hospital. Tinha medo de morrer no meio do processo todo.

Ah, sim... Eu sou daquelas pessoas que têm medo da morte.

Fui para o centro cirúrgico com aquela roupa de hospital e morrendo de vergonha do meu peso. Ficava pensando quantos enfermeiros seriam necessários para me passar da maca para a mesa de cirurgia. Tomei a anestesia e lembro do exato momento em que adormeci, quando a enfermeira colocava a touca nos meus cabelos. Achei a massagem tão boa.

Eu achava que ia acordar já no quarto, linda e sem estresse nenhum, mas, para minha surpresa... BUM, BUM, BUM, BUM! Acordei no meio da cirurgia com o som de marteladas. Eu não sentia nada, mas o barulho me assustava.

A enfermeira apareceu:

— Está tudo bem, Ana?

— O que está acontecendo?!

— Estamos quase terminando a cirurgia. Você precisa de alguma coisa?

— Eu só quero dormir de nov....

Apaguei antes de terminar a frase.

Acordei na sala de recuperação, levantei rápido, mas fiquei sentada porque não conseguia mover as pernas. Voltei a dormir e acordei, dessa vez com o médico me perguntando como eu estava:

— Ana, você pode, por favor, lentamente, levantar a perna direita?

Lentamente?! Eu sempre quis mostrar que conseguia fazer mais do que pediam e quase chutei a cara do pobre médico. Rindo muito, ele me liberou para o quarto.

Cheguei lá meio dormindo, meu pai e minha mãe estavam lá e foi uma sensação muito estranha vê-los juntos.

Tá, deixa eu contar do meu aniversário, que foi muito legal.

Acordei e vi que a minha mãe havia pendurado um letreiro daqueles de festa de criança escrito F-E-L-I-Z-A-N-I-V-E-R-S-Á-R-I-O na parede do quarto. Um grande buquê de rosas estava no canto. Até que...

PARABÉNS PRA VOCÊ NESTA DATA QUERIDA!

Meus amigos chegaram com um bolo e velinhas. Eu estava dopada, ainda de pijama, mas megafeliz por ter aquela galera lá; os enfermeiros também entraram e nós fizemos um festão.

Fiz questão de pegar minha máquina fotográfica analógica, com adesivos do Garfield, e registrar todos os momentos.

— Deixa que eu quero tirar a foto, mãe!

Depois, na hora de revelar, descobri que, em função dos remédios que estava tomando, ficou tudo torto. Só havia fotos da janela e pedaços da cabeça da galera, mas tudo bem; eu sabia que o dia tinha sido especial e que ficaria marcado na memória para sempre.

E assim aconteceu a mudança de uma fase para outra: da Ana Maria esportista para a Ana Maria musicista.

Aniversário em meio a remédios e balões.

Quero **música**

Depois de fazer a cirurgia, eu precisava de um novo objetivo, algo que me desse vontade de viver. Sem a possibilidade de jogar, comecei a me interessar por tocar um instrumento. Queria saber tocar guitarra, mas achava que tinha cordas demais e era muito complicado.

Pensei no baixo, que tinha menos cordas, mas, depois que ouvi um cara chamado Marcus Miller tocando, fiquei tão impressionada que desisti.

Coloquei na cabeça que queria aprender a tocar bateria. Bateria é aquele instrumento que, além de ouvir, você sente na pele. A vibração é grande, não tem como não notar o que o baterista faz. Bateria é a pulsação da música.

Quando fiz 15 anos, pedi uma bateria de presente. Muitas meninas fazem festa ou vão para a Disney. Eu não. Só queria uma bateria.

Obviamente, foi mais um motivo para minha família paterna torcer o nariz.

"Como assim a Ana quer tocar bateria? Isso não é coisa de mulher! Olha a prima dela, fez uma festa lindíssima!"

A campanha para ganhar a bateria não foi fácil.

— Pai! Me dá uma bateria no aniversário de 15 anos?

— Prove que sabe tocar e aí eu te dou.

Como raios eu ia provar que sabia tocar bateria se eu não sabia tocar bateria?!?!?

— Pai! Eu não sei tocar bateria. Quero uma justamente pra aprender.

— Prove que tem noção de ritmo e eu penso no assunto.

Na época fiquei revoltadíssima, mas ele tinha razão. Uma bateria é um investimento grande demais simplesmente para a filha ver "qual é".

Depois disso, comprei um par de baquetas e comecei a assistir clipes e filmes com bateristas para tentar identificar de onde saía cada som.

Montei uma pseudobateria feita de livros e cadernos em cima da cama para tentar praticar.

Até que um dia... Lembro como se fosse ontem. Um dia o meu primo, que morava do lado da minha casa, montou uma banda que ensaiava na garagem. Ou seja, tinha uma bateria a poucos metros dali!

Meu pai resolveu tomar chimarrão com meu tio numa tarde de domingo e eu fui junto. Afinal, eu queria ver a bateria de perto.

Quando vi, não acreditei.

Eu estava tão perto do instrumento que amava e almejava tocar.

Ela era detonada e velha, mas para mim, nossa... brilhava e chamava a atenção como se dissesse "vem, agora é a hora".

— Primo? Posso... ahn... posso tocar?

— Você sabe tocar?

— Não, mas prometo que não vou quebrar nada. Deixa?

— Claro. Ó, vou te ensinar. Senta com os pés aqui nestes pedais.

Eu me sentia entrando numa espaçonave, juro.

— Agora presta atenção. Este é o chimbal. Você deve ficar com o pé pressionado o tempo todo. Se subir o pé, o som fica mais longo e mais alto, tá?

Eu prestava atenção como se estivesse recebendo instruções de voo.

— Este é o bumbo. Você pode tocar com o calcanhar abaixado ou levantado, mas a dica é: sempre que for bater em um prato, pisa nele também, assim o som fica mais potente. Vou lá fora tomar chimarrão. Fica à vontade.

— Obrigada, primo!

Fiquei alguns minutos olhando para a bateria; não tinha coragem de começar a tocar. Passava a mão pelos tambores, sentia o instrumento como algo novo. Olhava as baquetas e ficava imaginando se conseguiria tocar.

Então lembrei de uma cena de um filme chamado *The Wonders*, que mostrava exatamente onde o baterista batia e qual som saía.

"Será que consigo fazer igual?", pensei, tomando coragem. Aí comecei a bater.

Tum... tatá.... tumtatumtum... tatá

Meu primeiro som. Nunca vou esquecer.

Pronto, comecei a voar.

Passei uns 20 minutos brincando e tocando algo que parecia Beatles, até que olhei para trás e vi meu pai com a cuia de chimarrão na mão.

— Ok. Depois da tua cirurgia vamos comprar a bateria.

— Há quanto tempo você está aí?

— Mais ou menos uns dez minutos. Acho que você pode levar jeito.

Eu não sabia como cabia tanta felicidade em mim.

Dito e feito. Depois da cirurgia fomos comprar a bateria. Lembro que eu ainda estava de muletas quando fui à loja. Pronto! Era só isso que eu precisava para a vida voltar a fazer sentido.

É difícil para as pessoas entenderem, mas com aquela idade eu sentia a obrigação de dizer que era algo.

"Eu sou estudante."

"Eu sou jogadora de vôlei."

Depois que o vôlei deixou de ser meu, eu deixei de ser do vôlei. Eu sentia um vazio, como se eu fosse nada.

Quando comprei a bateria, eu finalmente pude dizer: sou baterista.

Obviamente isso significou mais bullying no colégio. Aos olhos dos meus colegas, eu havia virado a roqueirinha, baterista e lésbica. Não me importava mais. Eu tinha uma bateria, que era minha válvula de escape, eu podia dizer que era algo, e isso me deixava muito feliz.

Tão feliz que decidi que queria trabalhar com aquilo para o resto da vida. Estava decidido! Eu ia prestar vestibular para música.

Mudança **de fase**

Meus 15 anos foram difíceis, cara. Não sei o que tem na minha vida com os anos ímpares, que são sempre complicados. Era o último ano no colégio. Eu já não jogava mais vôlei e tinha criado aversão a qualquer esporte. Aulas de educação física? Eram o momento de jogar truco na arquibancada do ginásio.

Meu negócio era música. Eu levava o discman para a escola e ficava ouvindo rock, jazz, blues e MPB durante a aula. Comprava revistas de música e só queria saber disso.

Continuava sofrendo bullying na sala de aula, mas já não me importava, porque eu sabia que a tortura estava acabando.

Só que, nessa época, comecei a sentir uma pressão social que não havia sentido antes.

Todas as minhas amigas já tinham ficado com alguém, iniciado e terminado namoros, ido para as festas, e eu não. Não havia feito nada disso.

Eu não conhecia nenhuma balada de Passo Fundo porque sempre ficava em casa cuidando da minha irmã. Nunca havia ficado com ninguém porque era extremamente tímida e me achava muito feia. Jamais ia acreditar que algum cara estava a fim de mim. Nessa época eu cultivava um amor platônico por um amigo e mantinha um relacionamento com meu namorado imaginário, o Álvaro.

Sim, cheguei ao ponto de criar um namorado imaginário. O Álvaro existiu, foi um cara com quem troquei meia dúzia de mensagens, mas nunca sequer o vi.

Para minhas amigas, a história era outra. Ele era o meu namorado, com quem eu vivia vários romances e dramas. Eu não queria que ninguém soubesse que eu tinha 15 anos e nunca havia dado um selinho sequer. Morria de vergonha. Isso só contribuía para deixar minha autoestima cada vez pior; eu sofria perseguição na escola, era tímida, me achava feia e ainda era a menina que nunca havia beijado.

Que merda essa pressão que os adolescentes sofrem né? Putz.

Nessa época conheci, pela internet, um cara que morava em Florianópolis e curtia heavy metal. Conversei muito com ele e acabei me apaixonando. Nós nos falávamos todos os dias e queríamos muito nos conhecer.

Bem, ele queria.

Eu morria de vergonha e pensava que, quando nos conhecêssemos, ele me acharia muito feia e não ficaria comigo. Obviamente, nunca falei para ele que não havia dado meu primeiro beijo ainda. Ele até me deu conselhos para conseguir superar algumas brigas com o Álvaro.

Nessa época, meu relacionamento com meu pai começou a piorar. Não sei exatamente por quê. Sei que ele não me tratava como antes e eu comecei a me sentir cada vez pior. Para a minha família, eu continuava sendo a ovelha negra.

Ovelha **negra**

"O velha perdida do rebanho." Foi assim que a minha mãe me definiu para o pastor da igreja dela quando fui conhecê-lo.

— Eu trouxe aqui uma ovelha perdida para o senhor resgatar.

Doeu demais ouvir essa frase. Sei que a minha mãe não estava falando aquilo para me machucar, entendo que ela estava desesperada por ver que sua filha estava apática e sem vontade de viver.

Minha mãe é religiosa, por isso achou que a igreja seria uma boa resposta para os meus problemas. Nessa época eu já questionava os ensinamentos da igreja, não queria envolvimento com nenhuma religião e mesmo assim decidi ir, só para não ver minha mãe sofrer.

Com 15 anos, tudo parecia amargo e eu não tinha vontade de nada. Simplesmente aceitava tudo o que pediam ou o que falavam de mim. Eu sentia que tinha de existir até a morte chegar.

Coloquei as necessidades da minha mãe e da minha irmã acima das minhas, e fazia de tudo para que elas ficassem felizes. Fazia coisas que odiava simplesmente para não ver minha mãe sofrer, pois eu sabia que ela trabalhava demais, viajava demais e nem sempre podia estar presente para fazer tudo. Minha mãe é a pessoa que eu mais amo nesta vida, eu queria ajudá-la de todas as formas possíveis, então essa foi minha fase do "Ok".

— Ana, cuida da sua irmã?

— Ok.

— Ana, cuida da casa?

— Ok.

— Ana, vai ao banco?

— Ok.

— Ana, vamos à igreja?

— Ok.

— Ana, liga pro seu pai.

— .... Ok.

Nesse ponto, eu não gostava mais do meu pai. Porque com ele e com os meus parentes eu também estava passando pela fase do "Ok".

— Suas notas estão ruins.

— Ok.

— Você está muito gorda.

— Ok.

— Você só dorme e não faz nada.

— Ok.

— Você é feia.

— Ok.

— Sua prima é muito melhor que você.

— Ok.

— Você não tem futuro.

— Ok.

— Pelo menos não vai assumir a empresa da família. Certamente iria falir o negócio.

— Ok.

Com 15 anos eu já não queria mais viver, não aguentava mais. Sei que é egoísmo da minha parte, mas não aguentava a pressão de ser mãe da minha irmã. Não aguentava ser odiada pela minha família paterna. Não aguentava ser motivo de piadas no colégio. Não aguentava mais me olhar no espelho e ver um monstro. Não aguentava mais chorar escondido.

E foi aí que eu decidi me matar.

O **incêndio**

A professora pediu um trabalho sobre os conflitos do cotidiano. Meus colegas fizeram sobre carreira ou amor, e eu fiz sobre suicídio.

Perguntei para várias pessoas o que pensavam sobre suicidas, comecei a pesquisar formas diferentes de acabar com a própria vida e apresentei o trabalho. Obviamente, minha professora ficou chocada, mas achou interessante eu ter escolhido um tema tão forte. O que ninguém sabia era que eu realmente pensava no assunto, simplesmente estava pesquisando e me preparando para o dia em que isso fosse acontecer. Eu não queria sentir dor.

Até que um dia pegou fogo no prédio onde eu morava.

Era no meio da semana, acredito que numa quarta-feira, um dia em que a minha mãe estava na nossa cidade, mas trabalhava o dia inteiro e só a víamos no fim da noite.

Eu e minha irmã estávamos assistindo desenho em casa e então eu comecei a ouvir uma correria no andar de cima; passos apressados.

Dali a pouco esses passos estavam correndo pela nossa escada. Fui até a porta checar o que estava acontecendo e só vi fumaça. O alarme começou a tocar e eu senti meu corpo gelado.

Peguei minha irmã por uma mão, meu celular na outra e saímos correndo, as duas de pijama e pantufa.

Ficamos do outro lado da rua olhando aquele monte de fumaça sair do prédio. Eu queria ligar para a minha mãe, mas sabia que ela estava em aula e, como estávamos bem, decidi não atrapalhar.

Enquanto isso, os bombeiros apagaram o que tinha para apagar. Se não me engano, não foi um grande incêndio, mas algo no último andar que causou muita fumaça e pânico.

Hora de a minha mãe chegar do trabalho. Já era tarde da noite. Todos os moradores estavam do outro lado da rua; na frente do prédio; uma ambulância e um carro de bombeiros.

Lembro de vê-la chegando lá na esquina, caminhando com a mochila nas costas e a expressão cansada. Ao se aproximar e ver aquela aglomeração, largou a mochila no chão e veio correndo ao nosso encontro.

— Minhas filhas!

Ela nos abraçou, começou a chorar e olhou para mim extremamente assustada.

— Minha filha! Minha filha!

Me abraçou forte demais.

— Calma, mãe, foi só um susto. Estamos bem.

Falei tentando acalmá-la, pois ela tremia inteira e não conseguia parar de chorar. Até que, em meio a lágrimas, ela disse:

— Achei que você tinha pulado.

Foi por causa dessa frase, foi nesse momento, que desisti de me matar.

Obviamente ela sabia e sentia que eu não estava bem. Imagino a pressão que é para uma mãe ter de sair para trabalhar em quatro cidades diferentes e deixar duas filhas em casa, uma criança e outra que não está bem psicológica e fisicamente. Eu engordava cada vez mais e ela tinha de trabalhar todos os dias com essa preocupação. Fico triste demais por não ter notado que a minha condição deixava a vida dela mais complicada.

Foi pensando nela que desisti de qualquer ideia de suicídio. Desisti porque vi como minha mãe ia ficar caso eu o fizesse.

A partir dali, decidi que ia aguentar o que tivesse de aguentar para poder ajudá-la o máximo possível, pois ela é uma mulher sensacional e forte demais. Não merecia sofrer com uma filha suicida.

Formatura

O incêndio passou e o ano também. Estava chegando o momento da formatura do terceiro ano e do vestibular. Era hora de me despedir de todos aqueles que me torturaram durante o colégio e, infelizmente, me despedir daqueles que me ajudaram e apoiaram também. Que sensação ruim a de deixar os amigos para trás.

Depois de um ano conversando, decidi finalmente conhecer aquele menino de Florianópolis. A essa altura do campeonato nós já dizíamos que nos amávamos, queríamos ficar juntos, casar etc. Isso tudo sem nunca termos nos visto. Santa inocência.

Era um amor completamente virtual. Naquela época, webcam era artigo de luxo, e nós só havíamos trocado algumas poucas fotos. Eu morria de medo, mas uma hora teria que conhecer esse cara. A formatura pareceu uma boa ocasião para acabar com o mistério.

Combinamos que ele viria um dia depois do vestibular, dois dias antes da formatura. Prestei vestibular para música. Não me importava com o que a minha família pensava, não me importava se diziam que iria morrer de fome. Música era o que eu amava. Eu queria trabalhar com isso.

Foi superdifícil me concentrar na prova. Em meio a uma questão e outra eu parava, olhava pela janela e imaginava como seria o momento em que nos encontraríamos.

Ele era cabeludo, roqueiro e tocava guitarra. Além disso, lutava Pa-Kua e parecia muito legal. Eu finalmente iria conhecer o cara que eu acreditava ser o homem da minha vida.

É engraçado lembrar daquele dia. Não consegui dormir nada na noite anterior e estava tão nervosa que saiu uma superespinha no meu nariz. Fiquei arrasada e ainda mais ansiosa.

Ao me arrumar para conhecê-lo, o look foi lindo: camiseta do Led Zeppelin, calça jeans e All Star vermelho. O lápis marcado no olho era o máximo de maquiagem que eu sabia usar. Meu pai me levou até a rodoviária e eu fui esperá-lo. Ele pegou três ônibus pra ir de Florianópolis até Passo Fundo.

Cheguei à rodoviária e meu coração parecia saltar pela boca. Naquela época, ainda sem smartphone, a distração foi ler todas as placas, contar as pedras no chão etc. O ônibus dele chegou, eu o vi levantar lá no corredor e... Fui correndo ao banheiro!

O que estou fazendo aqui?!? E se ele me odiar? E se ele me achar feia? Ainda dá tempo de ir embora? Não. Não dá tempo. Vou lá conhecer o cara!

Ele tremia tanto quanto eu. Estava de cabelo preso, usava uma camiseta com a partitura de "Águas de março" estampada, jeans e coturnos. Achei lindo! Não podia acreditar. Nos demos um abraço meio torto e pegamos o táxi para eu deixá-lo no hotel. Os dois muito desajeitados e nervosos.

Nos despedimos e eu fui correndo para casa. Botei um pijama e me enfiei na cama o mais rápido possível até que minha mãe entrou no quarto, toda sorridente.

—Duvido muito que a senhorita esteja com um pinguinho de sono. Vamos lá, me conta como foi!

Abri um sorrisão e comecei a contar sobre ele. Eu estava elétrica, não sabia como reagir direito.

No outro dia, fui buscá-lo no hotel para passearmos. Eu precisava pegar meu boletim no colégio e ele me fez companhia. Era engraçado, parecíamos dois estranhos, mas com o tempo ficamos mais à vontade.

— E aí? Já se arrependeu de ter vindo?

Eu tentava descobrir se ele tinha gostado de me conhecer ou não.

— Ainda não.

Ele respondia com um sorriso meio tímido. Ah, sim. Ele era muito tímido.

Almoçamos em um restaurante vegetariano, fomos para o hotel e eu peguei uma revista para ler. Não conseguia olhar nos olhos dele de tão nervosa que estava.

Ele me abraçou e... Espera aí!

Você já notou que estou contando a história do meu primeiro beijo, né? Desculpa se ficar muito romântico e melequento. Prometo que vai terminar logo logo.

Então, o que eu estava dizendo? Ah, sim... Ele me abraçou e perguntou:

— Sério que você vai ficar lendo revista e não vai olhar pra mim?

— Estou com vergonha de olhar pra você.

Respondi sem tirar os olhos da revista.

Ele tirou a revista das minhas mãos e me fez olhar para ele. Eu conseguia sentir o rosto quente de tanta vergonha, mas nessa hora pensei: "Ah... Quer saber? Estamos aqui mesmo. Já está mais do que na hora de eu dar o primeiro beijo".

E aí...

SMAAAAAAACK!

Dei um megabeijão desajeitado nele. Finalmente perdi o BV!

Ficamos nos beijando até sermos interrompidos pelo meu celular. Minha amiga ligou para me dar os parabéns por ter passado no vestibular.

A vantagem da cidade pequena é que dois ou três dias depois da prova já se sabe o resultado.

Depois da ligação, resolvemos passear um pouco. Fomos caminhando até a casa da minha avó para eu poder experimentar o meu vestido de formatura, que ela fez seguindo um modelo tirado de uma revista. Apesar de todas as coisas ruins que ela falou para mim no auge da velhice, acredito que eu estava em algum lugarzinho no coração dela. Ela só não sabia mostrar isso muito bem. Acho que acabou mostrando com o vestido, que é lindo e está guardado comigo até hoje.

Não aproveitei muito minha festa de formatura, pois estava envolvida com o carinha de Floripa. Nós ficamos sentados à mesa conversando a noite toda. Me arrependo um pouco disso.

Bixo

Agora é a hora em que eu conto como foi a minha experiência no primeiro dia na faculdade de música, maaaaaaaaas o que você acha de, em vez de eu contar, deixarmos essa história para a Ana de 17 anos?

Encontrei aqui no computador um texto que escrevi quando passei no vestibular. Desde aquela época tenho mania de escrever.

Senhoras e senhores! Com vocês, Ana Maria!

Depois de anos de esforço, estudo e dedicação, consegui: passei no vestibular. Virei "bixo" e com muito orgulho. Não conseguia me conter de ansiedade para começar logo a faculdade.

Eu me inscrevi num curso que não é muito comum, que não se encaixa bem nos padrões exigidos pela sociedade, mas era a minha paixão: a música.

Então, depois de muito esperar, chegou o dia!

Primeiro dia de aula na universidade. Eu estava morrendo de medo, minha timidez tinha se revelado de uma forma que até a mim surpreendera. Fui acompanhada dos meus amigos de colégio até a porta do prédio, mas depois dali era cada um por si.

Pé por pé, passo a passo, degrau por degrau, metro a metro (está bem, chega disso, eu só estava tentando dar um clima de suspense), segui em direção à minha sala. Encontrei pessoas conhecidas de vista, algumas de poucas conversas. Menos mal. Percebi que não estava tão perdida assim.

Depois de todas aquelas conversas de praxe, professores apresentando-se e tudo mais, veio o momento especial daquele dia. O TROTE! Sim, aquela "coisa" que acontece em todas as universidades, envolvendo veteranos e calouros. É bem óbvio que os calouros morrem de medo de passar por isso, porém vão para o primeiro dia de "aula" (explicando as aspas: nesse dia, a última coisa que vai acontecer é a dita cuja, não é?!) preparados para isso, cheios de vontade de participar. Roupas e tênis velhos, nenhum tipo de material escolar à vista. Tudo isso para garantir o maior aproveitamento do momento, sem danos ou perdas.

Vou descrever aqui, em pormenores, todas as emoções vividas naquele curto período. Entrei na sala com os meus conhecidos. Sentamos todos juntos, para, em caso de eventualidade, podermos nos defender. Os veteranos fecharam as janelas, gargalharam e começaram a fazer muito, mas muito barulho. Nessa hora a sensação presente era a do medo, mas tudo bem, seguimos bravos e confiantes.

Vieram para cima de nós com batons, esmaltes, tintas, e, bom, fica claro que foram direto para nossos rostos, braços, mãos, pernas e tudo mais que ficasse visível. Nos chamaram para contar uma piada em cima de uma mesa, dançar músicas do Latino e tocar algum instrumento. O detalhe é que o violão estava desafinado e, ao tocar o piano, corria-se o risco de fecharem a tampa e esmagarem seus dedos.

Após este episódio de vergonha, os veteranos cobraram 15 reais de cada bixo, para a realização de uma futura festa, que ninguém sabia se realmente ia acontecer. O mais legal de tudo é que quem não tivesse o dinheiro teria de deixar um tênis em poder deles. Aí está o problema da história toda: eu sabia que não tinha posto nenhum tostão furado na bolsa; tinha apenas o dinheiro para o ônibus.

Com muito pesar, dei para eles um pé do meu All Star velho, que um dia foi preto, teve cadarços decentes e sola também, porém, depois de uns três anos usando o mesmo, ele só poderia estar do jeito que estava. Um trapo. Algo inutilizável, mas que, por questão de estilo, não saía do meu pé.

*Fiquei p*** da vida! Meu tênis, tão estimado, nas mãos dos veteranos. Por que eu não levei dinheiro na bolsa? Eu teria de pegar o ônibus usando* *apenas um tênis, ir a pé do ponto até minha casa, sujando minha meia tão bonitinha. Por quê? Por quê???*

Cheguei em casa com o rosto todo pintado, os braços cheios de esmalte e muito mal-humorada (é, mal-humorada em termos porque gostei de participar do trote). Minha mãe, na sua inocência, pergunta para mim: "Como foi seu primeiro dia na faculdade, filha?". Apenas levantei o pé e mostrei o que fizeram comigo. E, quase gritando, falei pra ela: TUDO ISSO PORQUE EU NÃO LEVEI DINHEIRO, E NESSA PORCARIA DE CARTEIRA NÃO TINHA OS MALDITOS... Nesse momento abri minha carteira, mas quando olhei dentro dela o que eu achei? QUINZE REAIS!!

Foi então que minha mãe disse: "Fui eu que coloquei, caso você precisasse, só esqueci de avisar".

Enfim, foi isso. PRÓXIMO!

Tchau, **gordo!**

Agora nós vamos entrar numa parte complicada da minha vida, quando comecei a ganhar peso e ficar cada vez mais deprimida, então espero que você entenda que os próximos capítulos vão ser meio pra baixo, tá?

Prometo que vou contar a história da forma mais breve possível para que a gente chegue logo à parte da mudança de vida.

Então, tá! Segura aqui na minha mão e bora continuar!

As próximas páginas vão servir para eu contar como foi que a minha relação com o meu pai acabou. Bom, até aqui você já notou que eu e ele não estamos mais nos dando bem.

Durante minha infância ele foi o super-herói, o cara que eu mais admirava e amava no mundo. No colégio, era conhecido como o "pai legal", sempre era chamado para as viagens da turma, churrascos e coisas do gênero. Ele é extremamente inteligente, um grande artista e um empresário incrível. Tenho certeza absoluta de que muito do que sei sobre negócios e administração aprendi com ele.

—Proposta não é ofensa.

—Dinheiro não é problema, é solução.

Duas frases icônicas dele que uso até hoje.

Foi um cara trabalhador e que batalhou muito por mim e pela minha irmã, mas que, em determinado momento da vida, se voltou contra mim de uma forma tão abrupta que até hoje não consigo entender o que aconteceu.

Como eu o amava muito, essa mudança conseguiu me derrubar

de uma forma que eu nem sei descrever aqui. A decepção de ver o super-herói da sua vida virar o seu vilão é algo que machuca demais.

Achei que, por ter decidido fazer música e começado a tocar bateria, nós iríamos nos aproximar. Afinal, ele é percussionista e músico também; mas foi o contrário. Acabou criando um clima de competição muito grande, que me destruiu por dentro.

Eu já não aguentava mais ficar perto dele, era algo que me machucava demais, mas minha mãe insistia que eu fosse visitá-lo, acho que por medo que pensassem que ela estava afastando as filhas dele. Eu não aguentava, mas ia.

Pouco depois de fazer 17 anos, fui a um almoço de família e meu pai me avisou que iria usar o dinheiro da minha poupança para fazer uma cirurgia.

Até então, ele economizava uma quantia mensal para pagar um intercâmbio ou futuras parcelas da faculdade para mim, mas resolveu usar o dinheiro para a cirurgia de redução do estômago. Na época, eu era adolescente e me senti roubada, mas entendi que aquilo era pela sobrevivência dele, então fiquei feliz por saber que ele ia se cuidar.

Ele pesava cerca de 165 quilos, era muito obeso mesmo, não praticava exercícios, bebia bastante e fumou durante anos. Ou seja, se não fizesse a cirurgia, era morte anunciada.

No dia da operação, fui visitá-lo, mesmo sabendo que ele não gostava da minha presença. Fiquei no hospital o tempo todo, dormi nas cadeiras do corredor com *O senhor dos anéis* na mão enquanto ele era operado. Fui a única pessoa a acompanhá-lo, a primeira a deixá-lo na sala de cirurgia e a primeira a recebê-lo no quarto.

Acompanhei todo o processo de recuperação do meu pai e fiquei chocada por ver o que ele estava passando para poder emagrecer.

Naquela época eu já pesava uns 90 quilos e realmente me assustei. Será que essa é a única forma de emagrecer? Será que vale a pena?

Depois que se recuperou e começou o processo de emagrecimento, meu pai voltou a ser o cara que era. Agressivo, ríspido e extremamente competitivo.

Ao discurso "você é uma inútil que só dorme" ele acrescentou: "você é muito gorda, não emagrece porque tem preguiça".

Começamos a brigar muito, porque eu dizia que não tinha condições de pagar uma cirurgia para mim e que era difícil emagrecer sozinha.

Meu pai emagreceu cerca de 80 quilos e ficou com uma aparência doente.

As brigas chegaram a um ponto insuportável de sofrimento para mim, até que consegui convencer minha mãe a não me mandar mais para a casa dele.

Nesse momento, ele decidiu que não ia mais pagar a minha faculdade e que também não ia mais pagar alguém para cuidar da nossa casa (responsablidades decididas pela justiça). As tarefas domésticas ficariam comigo.

Deprimida, eu chegava à universidade com os olhos vermelhos, olheiras roxas e fundas. Os professores achavam que eu estava apanhando ou me drogando. Eu tinha o rosto marcado de tanto chorar.

Larguei a faculdade, assumi as tarefas domésticas e me tornei "dona de casa". Eu não saía, não cuidava de mim, passava o dia de pijama e dormia praticamente o tempo todo. Não conseguia acreditar que o meu pai parecesse não se importar com isso.

— Agora os postes estão começando a mijar nos cachorros?

— A corda sempre arrebenta do lado mais fraco.

Mais duas frases icônicas do meu pai, que ouvi inúmeras vezes quando tentei conversar com ele sobre a forma como ele me tratava.

Minha família deixava bem claro que eu não tinha direito a opinião; meu pai deixava bem claro que eu era a pessoa fraca da relação, e eu não aguentava mais.

Passei a odiá-lo, queria que ele morresse. Não conseguia suportar a existência de uma pessoa tão ruim para mim.

O que é **autoestima?**

Lembro como se fosse hoje. Minha mãe tinha pedido para eu arear as panelas e... espera. Se você não sabe o que é "arear", eu explico. "Arear" é esfregar a panela com uma esponja de aço para devolver o brilho. Como as nossas panelas não eram chiques como as de hoje em dia, eram panelas de ferro e já estavam com a aparência velha, minha mãe me passou essa tarefa.

Depois que terminei o serviço, olhei para as panelas brilhantes e pensei: "Uau, essa foi a maior conquista da semana". Quando percebi que não havia feito nada por mim, comecei a chorar (afinal, era só isso que eu fazia) enquanto terminava de lavar a louça. O engraçado é que eu fazia isso e me sentia anestesiada em relação à situação na qual me encontrava.

Senti como se tivesse saído do meu corpo e assistido à cena toda de fora. Via aquela menina chorando, lavando a louça, sem perspectiva, e enquanto isso ia acontecendo eu imaginava: "Essa é uma cena que tem de estar no filme da minha vida". Como se um dia fossem fazer um filme sobre mim.

Bem, não está num filme, mas está no livro, o que já é um ótimo começo.

Nessa fase, minha autoestima era a pior que você pode imaginar. Não sou psicóloga nem nada, mas vale dizer que "autoestima" é a apreciação que temos por nós mesmos, é aquilo que consideramos sobre a nossa pessoa. Bom, um dicionário também pode explicar.

Ah... Antes de continuar, vale dar uma dica rápida. Não existe "baixa estima" ou "baixo estima", ok? O correto é baixa autoestima ou alta autoestima.

As coisas que eu pensava sobre mim naquele momento eram mais ou menos as seguintes:

- sou feia
- sou gorda
- não tenho força de vontade
- não faço faculdade
- não tenho amigos
- não saio de casa
- meu pai me odeia
- sou dona de casa
- não tenho perspectiva de vida
- não tenho vontade de viver
- mas pelo menos tenho um namorado

Lembra do carinha de Florianópolis? Nós começamos a namorar. A distância mesmo. Nos víamos uma vez por mês e ele era o único cara que conseguia me tirar de casa; eu só saía para ir a Floripa ou quando ele vinha para a minha cidade.

Agora é que o bicho vai pegar, tá? Já estou avisando.

Desde que começamos a namorar, ele se mostrou um cara frio e distante, claro que não o tempo todo, mas na maior parte.

A família dele era diferente do que eu estava acostumada, não demonstrava muito afeto comigo.

Tentei me adaptar. Achava que a pessoa errada era eu. Não poderia exigir que todos fossem carinhosos como eu era.

Como ele era meu primeiro namorado, eu tentava me apegar somente aos momentos bons que passávamos juntos, e isso me fazia feliz. Embora ele fosse frio e às vezes grosseiro, os momentos com ele eram os únicos que me davam alguma distração de toda a minha realidade triste. Eu o considerava um cara legal, que praticava artes marciais, me ensinava a meditar e me fazia feliz porque dizia que me amava mesmo eu sendo gorda.

Embora minha autoestima fosse baixa, esse cara começou a me dar uma nova perspectiva de vida. Comecei finalmente a fazer planos para o futuro.

Lembro que minha terapeuta dizia para eu começar a planejar algo e a minha resposta era sempre a mesma:

— Planejar pra quê? Eu não sirvo pra nada mesmo.

Típica resposta de alguém que está em depressão.

Com o início do namoro, as coisas começaram a mudar. Comecei a me interessar por Pa-Kua, a fazer planos para abrir uma escola e, bem, a notar que nem tudo estava perdido.

Vamos dar uma pausa na história pra encontrar o meu erro no que foi contado até agora?

Vou deixar você ler e reler os parágrafos acima e tentar adivinhar.

Uns cinco minutinhos está bom?

Ok. Eu espero.

E aí? Já encontrou?

Lê de novo!

E agora?

Última chance!

Ok! Ok! Eu explico, então!

Como eu era uma menina com a autoestima baixíssima, apostei todas as minhas fichas em um cara que nem sempre me tratava bem.

Minha felicidade e meus planos passaram a depender de alguém que não era eu. Comecei a acreditar que meus problemas terminariam quando eu estivesse com ele, pois ele os resolveria para mim. Estava namorando e achando que a única parte boa de mim era ele.

Você tem noção do quanto isso é errado? Ninguém deve achar que depende de outra pessoa, quem quer que seja, para ser feliz. A nossa felicidade depende apenas de nós, mas naquela época eu não sabia disso.

Como eu não me achava boa o suficiente para ninguém mais, aceitei um relacionamento que desde o início já apresentava problemas. Ele foi meu primeiro beijo, meu primeiro homem, eu tinha certeza absoluta de que não duraria para sempre, e mesmo assim mantive esse relacionamento por quase sete anos.

Vai aprender **a lutar**

★★★

Depois de um ano, meu namorado recebeu uma proposta para trabalhar no Rio Grande do Sul, em uma escola de Pa-Kua da capital. Nenhuma notícia conseguiria me fazer mais feliz do que aquela! Agora ele estaria a quatro horas de distância de mim! Pulando de alegria, comprei uma passagem para Porto Alegre para recepcioná-lo.

Quando cheguei, conheci a escola de Pa-Kua e fiquei com vontade de começar a praticar. Conversei com um Mestre muito legal e que havia se mudado pouco tempo antes para o Brasil, vindo de Nova York, e que me tratou superbem, como se me visse além do meu peso.

Na nossa primeira conversa já chorei tudo o que devia chorar, me senti exposta, mas de uma forma boa. Foi a primeira vez que alguém olhou para mim por dentro e não por fora. Decidi que começaria a praticar Pa-Kua e que aquele cara baixinho seria o meu Mestre.

Porém, como eu ia praticar Pa-Kua se em Passo Fundo não havia escola?

Foi aí que a minha maior ídola agiu! Minha mãe percebeu o quanto eu mudei quando fui para Porto Alegre, o quanto fiquei mais feliz e voltei a ter um brilho no olho que não tinha há muito tempo.

— Minha filha! E se você se mudasse para Porto Alegre?

— O quê?! Mudar para Porto Alegre?! Mas... quando?

— Assim que você fizer 18 anos. Você vai pra lá, entra num cursinho e começa a tocar a vida. A mãe ajuda com o aluguel do apartamento.

— Nossa, mãe! Obrigada! SIM! SIM! SIM!

Senti uma chama se acendendo no meu coração. Eu iria embora de Passo Fundo! Não precisaria lidar com o meu pai, não precisaria mais arear panela, estaria perto do meu namorado e começaria a praticar Pa-Kua!

Senti que revivi naquela hora; eu finalmente começaria a fazer algo da minha vida!

Então nós decidimos morar juntos. Iríamos passar de uma relação em que nos víamos uma vez ao mês para uma em que ficaríamos 24 horas por dia juntos, já que moraríamos e trabalharíamos no mesmo lugar.

Isso! Trabalharíamos juntos! Deixa eu contar a parte legal agora.

Quando cheguei a Porto Alegre, vi no Pa-Kua uma oportunidade de crescer e aprender. Me encantei pelo conhecimento e filosofia chinesa. Finalmente havia encontrado algo que me ajudava a analisar meus problemas e, muito mais importante, a encontrar soluções para eles.

Comecei a fazer aulas e a aprender a lutar não só com o corpo, mas com a mente também. Cada aula que eu fazia me deixava mais encantada, e eu descobri que queria poder ensinar essa arte para os outros. Esse foi o primeiro momento na minha vida em que senti, dentro de mim, algo maior do que eu. Um objetivo. Algo pelo que lutar.

Nunca me dediquei tanto a alguma coisa como me dediquei ao Pa-Kua. Fazia cinco aulas por dia, anotava tudo o que podia e treinava o tempo todo. Eu queria ser a melhor instrutora e poder fazer o bem aos meus alunos. Pensava "quero mudar a vida das pessoas". Por ter um objetivo na vida, a depressão me esqueceu um pouquinho e eu pude viver melhor.

Fomos trabalhar numa escola que estava quase falindo porque não tinha alunos suficientes para pagar as contas. O Mestre baixinho foi enviado para passar uns dias em Porto Alegre justamente para ajudar a galera. Então, ele viu algo em mim. Viu um misto de loucura e vontade de fazer acontecer. Começou a me ensinar a inscrever alunos, a trabalhar muito duro e levantar uma escola do zero.

— Saia na rua gritando Pa-Kua, chame as pessoas pra dentro da escola. Você tem coragem?

Eu tinha! Quando colocava meu uniforme (na época ainda com a faixa branca), me sentia uma super-heroína, capaz de qualquer coisa na vida. Não sei se o meu Mestre imaginou que eu ia literalmente sair gritando na rua, mas foi o que eu fiz.

Lembro que consegui marcar onze entrevistas e inscrever quatro alunos em um dia. Comecei a ganhar confiança, encontrara um talento e começara a acreditar que poderia ser alguém. Talvez eu não fosse tão inútil, afinal.

Eu e meu namorado trabalhamos muito. Queríamos reconstruir aquela escola e fazer a história dar certo. Nosso relacionamento ia bem, estávamos muito apaixonados e unidos por uma causa em comum. Tudo fluía.

Brigávamos porque eu fazia praticamente todo o trabalho de casa e me sentia usada como empregada. Ele continuava frio e um tanto grosseiro, mas eu não me importava. Praticar Pa-Kua me fazia feliz, e com certeza voltar para Passo Fundo não era uma opção.

Em cerca de quatro meses, nós conseguimos levantar a escola, inscrevemos quase 50 alunos novos e estávamos nos reerguendo. Eu já era faixa laranja, e os Mestres viram que eu tinha muito potencial para dar aulas, em função do treinamento intensivo. Por isso ganhei uma turma com três crianças para ensinar. Foi uma das maiores realizações da minha vida.

Infelizmente, depois desse tempo, o Mestre dono da escola resolveu vendê-la inteira para outra arte marcial. Inteira significa toda a estrutura, com todos os alunos dentro. Ele não avisaria os alunos de que a arte marcial havia mudado; apenas os informaria de que eu e o meu namorado havíamos sido "demitidos".

Não sei se você entendeu direito o que aconteceu, mas foi uma puta traição da nossa confiança, além da manipulação dos alunos. Em pouco tempo eu me vi sem trabalho e sem escola. O meu chão foi tirado de debaixo dos meus pés.

O que eu faria agora? Voltaria para Passo Fundo? Aguentaria ficar em Porto Alegre namorando um cara frio e sem tatame para lutar? Fiquei desesperada, não sabia o que fazer, não queria cair na depressão de novo.

Aí, enviado pela Liga Internacional, exatamente no momento da notícia de que seríamos expulsos do recinto, ele chegou. Um Mestre gigante, alto, forte e com o rosto extremamente sério. Veio para tentar controlar a crise. Lembro do quanto me protegeu no dia em que os alunos do tal Mestre traidor começaram a nos ofender e ameaçar para sairmos do local. Rasgaram a nossa bandeira, jogaram os nossos panfletos no lixo e deixaram claro que aquele não era mais o nosso lugar.

Eu chorava demais e estava nervosa, pois estava vendo meu sonho, trabalho e suor irem embora. Esse Mestre não deixou que eu me sentisse dessa forma; me passou calma e força só no olhar. Incrível como ele conseguia ser sério e doce ao mesmo tempo. Foi inevitável: senti um carinho quase que instantâneo por ele.

Infelizmente, a Liga Internacional não poderia fazer nada em relação àquele local em específico, mas, em função do bom trabalho já exercido por nós, enviaram o Mestre para passar um mês conosco e nos ajudar a encontrar um novo espaço para recomeçar a escola. Assim, nós ainda teríamos trabalho, e o Pa-Kua em Porto Alegre não morreria.

Que alegria! Eu poderia continuar respirando e vivendo! (Era assim que eu me sentia, juro!) Começamos a procurar um imóvel para alugar, tendo aulas nos parques de Porto Alegre; afinal, estávamos sem escola. A luta era para manter o Pa-Kua vivo na capital gaúcha.

Foi a primeira vez que me vi diante de um grande problema e não tive vontade de desistir, mas sim de lutar para vencê-lo!

Minhha primeira **escola**

Em 2006, com 18 anos, abri minha primeira escola. Foi o máximo me sentir gente grande e ter meu próprio negócio tão cedo. Me senti empreendedora e meio menina-prodígio e tinha como sócio o meu namorado.

Mas a agressividade dele comigo começou a ficar cada vez maior. Os momentos felizes já não eram unicamente felizes; passaram a ser sempre a reconciliação de alguma briga.

À medida que fui crescendo dentro da escola, me graduando e ganhando alunos, notei que ele se sentia ameaçado e fazia questão de me diminuir para poder se mostrar superior.

Naquela época eu me empenhava em inscrever alunos, atender pessoas na recepção e fazer o trabalho de publicidade da escola; o objetivo dele era fazer a administração e dar aulas. Na teoria parece lindo, não é?

O problema é que ele me tratava não como sócia, mas como uma empregada qualquer. Fazia questão de me botar abaixo dele e não reconhecia o meu trabalho.

Eu já não era mais feliz, mas não queria que ninguém soubesse disso na escola, porque realmente queria continuar praticando Pa-Kua e dando aulas.

Lembra do Mestre grandão? Então! Ele passou um ano viajando para Porto Alegre a cada dois meses e, além de Mestre, tornou-se um grande confidente. Como eu gostava dele! As aulas eram o máximo, puxadas e desafiadoras. Ele conseguia tirar o melhor de mim nos treinos.

Na cultura da escola, os Mestres locais sempre recebem o Mestre Itinerante em suas casas durante a sua estada. Isso é muito bom para termos um contato mais direto com um Mestre diferente e aprendermos muito. Porém, isso também significava que o Mestre iria acabar vendo como era nossa vida fora da escola. Nas primeiras vezes, até consegui esconder a realidade. Eu parecia feliz, a casa estava arrumada e o meu relacionamento era lindo.

Só que depois de um tempo eu cansei de fingir e aí ele viu que nós brigávamos constantemente e que a casa estava imunda. Ahhhhhhh, éééé.... Não contei essa história pra você! Putz... Quase esqueci!

Lembra que eu disse que o meu namorado não ajudava em nada no trabalho de casa? Bom, eu cheguei a um nível de estresse em que simplesmente cansei de brigar. Pedir ou implorar para que ele ajudasse era só um pretexto para mais brigas e uma completa perda de tempo. Então, desisti de fazer as coisas sozinha.

Se ele deixasse as roupas no chão, elas ficariam ali. Se não lavasse a louça quando eu cozinhasse, ela ficaria ali. O pior de tudo é que ficava ali, acredite, por dias, até criar mofo e outros bichos. Eu estava vivendo em condições nojentas.

Um dia, o Mestre me viu sair chorando do quarto e ir dormir no sofá da sala. Não lembro exatamente qual foi a briga (eram tantas), mas sei que ele notou o meu sofrimento. A impressão que tive é que, a partir daquele momento, ele começou a cuidar mais ainda de mim.

Tivemos algumas conversas sobre a minha vida, mas para mim o Pa-Kua estava acima de tudo e eu não queria sair da escola por terminar um relacionamento. Amava meus alunos demais para fazer isso.

A escola era minúscula. No começo, nós tínhamos apenas a bandeira dobrada no chão e um telefone. Com o tempo, colocamos tatame, móveis usados que compramos, algumas almofadas que costurei, e ela foi tomando forma. Era o meu xodó. Eu amava aquele lugar.

Os primeiros alunos que inscrevi na outra escola estavam ficando mais graduados e começaram a ter vontade de ajudar, dar aulas e se tornar instrutores também. Estávamos criando o nosso time.

Foi lá que me tornei instrutora. A escola era pequenina, mas muito acolhedora. Nós éramos uma grande família e eu tenho plena certeza de que a pessoa que cultivou essa energia lá fui eu.

"Quero mudar a vida das pessoas", continuava repetindo para mim mesma, achando que deveria ter todos os outros como prioridade.

Minha missão na vida era ajudar outras pessoas, e eu sempre queria tratá-las como prioridade. Eu pensava que ser humilde era me apresentar como inferior.

Que conceito deturpado de humildade, não?! Um dos maiores erros que cometi foi esse: considerar a vida dos outros mais importante que a minha.

O peso não era desculpa para não chutar alto.

Minha segunda **escola**

A primeira escola cresceu muito, e a nossa história de superação já era conhecida no Brasil todo. Éramos o casal de Mestres que conseguiu vencer a arte marcial concorrente. Sim. Aquele Mestre traidor criou uma rivalidade absurda entre nós. Ele estava jogando sujo e tentando de tudo para fechar a nossa escola. Porém, como eu e meu namorado não nos entregamos e trabalhamos duro demais, quem acabou fechando foi ele.

Nossos alunos nos admiravam muito e eu achava aquilo ótimo! Reli o que escrevi no capítulo anterior e ficou parecendo que o meu namorado era um monstro etc., então eu não posso deixar de falar aqui sobre o grande Mestre que ele era/é.

Eu o admirava como Mestre, sabia que ele fazia um grande trabalho com os alunos e, apesar de o nosso relacionamento não ser bom, sabia que podia contar com ele para trabalhar e tocar a escola para a frente.

Acho importante falar isso porque acredito que todo mundo tem um lado bom, e a última coisa que quero neste livro é ser hipócrita, né? Basicamente o que eu sentia por ele era um coleguismo muito grande. Eu o considerava mais sócio que namorado, porque a magia do namoro já não existia mais.

Como a escola foi crescendo e tendo muitos novos alunos, acabou ficando barulhenta e se tornando um incômodo para o vizinho ao lado, que nos denunciou não uma, mas doze (isso mesmo, doze!) vezes para a Prefeitura, que por sua vez simplesmente nos informou que tínhamos duas semanas para sair do local onde estávamos.

“Orra, será que nunca vai acabar esse estresse?!?!”, pensei enquanto procurava outro lugar para alugar. Nós já não podíamos nem pensar em fechar a escola; tínhamos alunos demais e jamais faríamos isso.

Lembro que, sempre que pensava no novo local, eu imaginava uma escola grande, com dois banheiros e um jardim. Era isso que eu queria!

Quando estávamos quase desistindo de procurar, passamos pela frente de um pequeno portão com uma plaquinha de “aluga-se”. Logo falei:

— Vamos ligar pra ver?

— O portão é tão pequeno. Será?

— Não custa tentar, ué!

Pronto! Encontramos um lugar lindo e gigante, com dois banheiros e um jardim. YES! Obrigada, vida! O único problema é que o aluguel era o dobro do que pagávamos na primeira escola, mas encaramos o desafio e decidimos ir em frente.

Tá... tá.... Eu sei que você deve estar pensando agora: “Ai, Ana! Por que raios eu quero saber da sua escola?!”. Antes de tudo, calma.

Quero mostrar para você a parte bem-sucedida daquela época, para que você saiba que a minha vida não era só desgraça. Dar aulas de Pa-Kua e ser dona de escola foi um dos maiores desafios e das maiores alegrias que tive até hoje. Faço questão de falar sobre isso. Até porque foi justamente nessa época que cheguei à tão conhecida zona de conforto. Então, relaxa aí que a gente vai chegar lá. Prometo.

Nós nos mudamos para a segunda escola e, como as contas praticamente dobraram, o nosso trabalho devia quadruplicar. E foi o que aconteceu. Trabalhamos muito para conseguir fazer a escola dar certo. O meu objetivo era fazer o Pa-Kua crescer não somente em Porto Alegre, mas no Rio Grande do Sul. Eu queria abrir cada vez mais unidades e começar a viajar pelo Brasil dando aulas.

Para viajar pela escola, eu deveria ser terceiro grau da faixa preta e fazer uma série de cursos. Eu ainda era apenas primeiro grau, ou seja, tinha muito caminho pela frente, mas meu objetivo passou a ser esse: Mestre Itinerante. Eu teria que estudar e treinar muito para que isso acontecesse.

Como eu tinha um objetivo na cabeça, decidi que não ia deixar nada me desviar do caminho, nem mesmo o relacionamento que eu mantinha. Nesse ponto, simplesmente aceitei o meu namorado como ele era. Eu sabia que ele era frio, agressivo e que me ofendia em vários momentos, mas na minha cabeça rolava um pensamento meio "Ok... Não vou me estressar com um término de namoro agora. Ele é assim, deixa estar".

Com as metas na cabeça, me descobri guerreira, pois estava superando todas as adversidades pra chegar aonde queria. Porém, sem notar, comecei a criar escudos "protetores" ao meu redor que me impediriam de sentir dor ou desconforto.

Meus alunos vinham em primeiro lugar; a escola, em segundo; minha família, em terceiro; o namorado, em quarto; meus cursos e formação, em quinto, e várias outras coisas ainda depois. Eu? Ana Maria? Não estava em nenhum lugar nessa lista. Eu nem pensava em cuidar de mim.

Meu namorado ainda cuidava da parte administrativa e dava muitas aulas, porém o trabalho logístico tinha passado para mim. Tudo o que a escola precisava e tudo o que devia ser negociado com terceiros veio para a minha mão. Afinal, eu sabia negociar bem (obrigada, pai).

Eu era a pessoa que planejava reformas, fazia os panfletos, cartazes, placas, organizava palestras, apresentações, oportunidades, fazia tudo isso e nunca tinha o trabalho reconhecido pelo meu namorado. Pelo menos os Mestres da Liga e os alunos sabiam do meu valor, embora eu mesma não o visse. Isso me dava a impressão de que eu não era tão dispensável assim. Eu sabia que era importante para alguém.

Com o tempo e o trabalho intenso, comecei a me tornar muito agressiva e difícil de lidar. Eu achava que precisava ter pulso firme para fazer a escola dar certo.

Foi aí que comecei a passar por um conflito interno muito grande. Lembra quando eu disse que não amava mais o meu namorado, mas sabia que podia contar com ele como sócio para dividir o trabalho?

Pois então. Essa admiração também começou a diminuir, e houve um momento crucial para ela acabar. Depois de um mês na nova escola.

Era uma manhã de segunda-feira, e, enquanto a comida ficava pronta, eu limpava a casa. Meu namorado entrou correndo, ofegante e com pavor nos olhos. Achei estranho ele chegar em casa quase uma hora e meia antes do almoço.

— Nossa! O que aconteceu? Por que você está em casa tão cedo?

— Estou fugindo!

— Como assim fugindo?! O que foi que aconteceu?

— Não sei o que fazer! Estou apavorado!

— Tá, me diz o que aconteceu, então.

— O proprietário da escola ligou dizendo que daqui a 40 minutos vai passar lá pra buscar o aluguel.

— E...?

— E nós não temos o dinheiro todo! Temos só metade! Saí correndo e fechei a escola pra ele não me encontrar.

— Eu não estou acreditando nisso. Volta lá e conversa com ele, ué!

— Não, não quero.

A partir daí nós passamos uns 20 minutos discutindo e trocando ofensas que eu não preciso escrever aqui. Assumi o problema e fui para a escola esperar o proprietário.

Assim que ele chegou, fui o mais firme e educada possível, expliquei que, como estávamos mudando de sede, as contas haviam dobrado e nós ainda não tínhamos o valor do aluguel completo.

— O que eu tenho é isto aqui. O senhor pode voltar daqui a 15 dias e nós teremos o restante.

— Poxa, assim complica, né?

— Eu sei, mas o senhor me informou que tinha outros imóveis alugados, por isso acredito que não dependa exclusivamente deste dinheiro.

— É.

— Fique tranquilo que daqui a 15 dias nós teremos o restante, pode ser?

— Sim, não tem problema.

— É possível, nos próximos três meses, o aluguel ser pago em duas vezes?

— Assim você está abusando da minha paciência.

— É tudo questão de perspectiva. É só pensar que você não tem uma grande sala alugada, mas sim dois apartamentos pequenos com vencimentos em datas diferentes.

— Não sei.

— Bem, proposta não é ofensa. Você que sabe.

Fui firme, olhei nos olhos dele e deixei claro que seria apenas pelos três primeiros meses, até as coisas se estabilizarem. Ele aceitou, nós apertamos as mãos e o problema estava resolvido. Foi tão simples.

Eu sabia que, para ser uma líder, precisava ter cabeça fria para lidar com os problemas e, de fato, fazia isso muito bem. Bem, pelo menos com os problemas dos outros.

Claro que eu só me sentia essa líder para as outras pessoas e em outras situações. Com o meu namorado eu era uma mulher submissa e dominada, que aceitava as ofensas dele achando que era assim que as coisas tinham de ser.

Minha rotina se resumia a trabalho-casa-trabalho-casa, e isso começou a me incomodar. Ao mesmo tempo que me via feliz por ser uma Mestre bem-sucedida e cheia de alunos, eu ficava frustrada, pois era uma menina de 20 anos sem experiência nenhuma de vida. Sentia que estava deixando de viver muita coisa.

Eu morava havia dois anos na cidade e não conhecia nada além de dois shoppings. Tinha medo de andar sozinha, não tinha amigos e estava sentindo minha juventude ir embora. Em função de todas as responsabilidades que assumi, eu me sentia muito mais velha do que realmente era. Eu escondia esse sentimento numa caixinha bem no fundo do coração, junto com o que sentia pelo meu namorado.

Relacionamento **de merda**

Ok.... Ok! OUQUEI!!!! Juro que estou há alguns minutos em frente ao computador, pensando em como vou contar a história para você.

Espera, vou ali pegar uma água e me preparar psicologicamente para uma longa noite escrevendo.

Acho que estou pronta para começar.

Vamos lá!

Não existe forma sutil de dizer que o meu relacionamento era uma merda. Nós éramos supernovos quando começamos a namorar, e mudamos muito ao longo do tempo. Eu sei que ele não é mais esse cara hoje em dia, pois evoluiu e amadureceu. Acho que nem mesmo ele sabe o quanto me fazia mal naquela época.

Quando começamos a namorar, eu era gordinha. Já tinha engordado uns 20 quilos desde a cirurgia no joelho, mas com certeza absoluta não era obesa. Depois que fomos morar juntos as coisas mudaram.

Como nós brigávamos muito, os únicos momentos de paz que tínhamos era quando estávamos comendo. Ele tinha o metabolismo rápido, se enchia de besteira e não engordava um grama. Eu acabei seguindo o ritmo dele e percebi tarde demais que estava errando. Durante o nosso namoro, eu passava praticamente todos os dias à base de pizza, hambúrguer, brigadeiro, batata frita, refrigerante, massa.

Nosso passatempo era comer e assistir séries juntos. Esses eram o momentos de felicidade que tínhamos. Bem, esses e quando havia keynote da Apple, porque nós dois somos nerds e fãs do Steve Jobs. Fora isso, tudo o que fazíamos era pontuado por brigas. Mesmo em viagens ou passeios, era questão de tempo até brigarmos por algum motivo. Brigávamos porque éramos diferentes; simplesmente não era para estarmos juntos.

Eu gostava de contar piada, rir e falar alto. Ele era tímido e não me deixava fazer isso. Dizia que eu era ridícula e o fazia passar vergonha. Eu implorava para sair à noite e conhecer algum bar. Afinal, eu era jovem e nunca tinha feito isso. Ele dizia que não, e então nós ficávamos em casa sem fazer nada.

Houve um sábado em que eu realmente implorei para sairmos de casa.

— Vamos sair? A noite está tão bonita.

— Não. Estou cansado.

Ele devia estar mesmo, afinal nós trabalhávamos até nos sábados e ele dava muitas aulas.

— Por isso mesmo! Vamos sair, espairecer, tomar um ar.

— Não.

— Poxa, nós somos tão novos. Vamos, por favor.

— NÃO, PORRA!

— Sério? Nós namoramos e não vamos sair pra passear? Eu imploro, me leva a algum lugar. Não conheço ninguém aqui...

— JÁ DISSE QUE NÃO E NÃO ME ENCHE O SACO.

— Ok. Eu saio sozinha, então.

Liguei para um aluno que morava perto e combinamos ir jogar sinuca. Era quase meia-noite e eu precisaria andar somente duas quadras.

— Estou indo jogar sinuca, ok?

Ele não respondeu. Eu já estava acostumada.

Saí e, quando estava a mais ou menos dois metros da porta da casa do aluno, olhei para a frente e havia um homem apontando uma arma para mim.

— PASSA O DINHEIRO, VAGABUNDA!

— Calma. Olha... eu não tenho dinheiro.

— NÃO QUERO SABER, CADELA! PASSA A PORRA DA GRANA, SUA PUTA!

— Eu não tenho. Vou te mostrar minha carteira. Só não sai correndo porque eu preciso dos meus documentos. Fica calmo.

— CALA A BOCA, PORRA!

Mostrei minha carteira e realmente não tinha nada.

— PASSA O CELULAR!

— Eu não tenho celular.

Falei rezando para que aquela merda não tocasse. Ele abriu minha bolsa e a jogou no chão, encontrando o celular.

— SUA PUTA, CADELA, VADIA, VOU TE MATAR!

— Velho, deixa eu ficar com o meu chip.

Onde raios eu estava com a cabeça para negociar com um cara com uma arma apontada para mim?!?!?

— Pega essa porra logo.

Com as mãos tremendo, desmontei o celular e peguei o chip. Devolvi o aparelho para ele.

— Agora você vai ficar bem quietinha e não vai gritar, senão eu vou estourar a tua cabeça, tá me entendendo? Vai embora, cachorra, vagabunda!

— Sim.

Toquei a campainha da casa do meu aluno, que não percebeu nada do assalto porque estava ouvindo música em volume muito alto. Ele abriu a porta fazendo piada.

— Sim, posso ajudar?

— Cara, abre a porta, por favor. Acabei de ser assaltada.

— Ah, claro... eu acredito. Você está calma demais.

— Só abre a porta. O cara está me vigiando.

— Ali atrás do muro? É o Mestre escondido, que eu sei.

Nessa hora comecei a chorar.

— Abre... a... porta.

— CARALHO, SÉRIO?! ENTRA!! Cadê o Mestre?

— Ah... Ele não pôde vir. Não estava se sentindo bem

Eu era muito infeliz nesse relacionamento, mas realmente não queria que ninguém soubesse, então sempre inventava uma desculpa sobre ele.

O aluno e sua família me acalmaram, falaram que sairíamos para jogar sinuca de qualquer forma e me deram um celular velho para usar. No fim da noite me deixaram em casa.

— Oi, cheguei.

Ele não respondeu.

— Sabe o que aconteceu comigo?

Sem resposta.

— Não quer saber como foi a noite?

— Não me interessa.

— Eu fui assaltada a mão armada.

— Grande merda.

— O quê?! Você ouviu? Eu estou dizendo que fui assaltada.

Comecei a chorar e ainda tive que ouvir:

— Bem feito, se fodeu. Se tivesse ficado em casa, isso não teria acontecido.

Ele realmente não se importava comigo, e eu nesse ponto já não entendia como ainda estava com ele.

Eu era infeliz e sofria calada. Cheguei a pensar em comentar algo com a minha mãe, mas ela adorava meu namorado.

— Ele é um menino tão bom, trabalhador, não bebe, não fuma.

Minha mãe sempre teve horror à bebida e ao cigarro e, por ser do interior, acabou sendo criada com valores muito patriarcais: mulher tem que casar cedo, manter o marido e respeitá-lo, principalmente se ele for um homem bom, trabalhar, não beber e não fumar.

Eu me questionava muito sobre isso.

“Será mesmo que um cara é bom somente por não beber e não fumar? Mas e a forma como ele me trata? Isso não conta?!”

O único que sabia o quanto eu sofria era aquele Mestre grandão, que era meu confidente e acabou virando uma paixão platônica. Eu queria um cara como ele, que me tratasse bem e que me fizesse sentir protegida. Meu namorado não era assim. Ele não me tratava bem e eu tinha a nítida impressão de que, se qualquer coisa acontecesse, ele seria o primeiro a correr.

Nós já não andávamos de mãos dadas, não trocávamos carinhos e ele continuava sendo muito grosseiro, mas eu pensava: "Poxa, se eu sou essa menina tão inútil que ele diz que eu sou, se eu terminar com ele, vou ficar sem o Pa-Kua e vou ficar sozinha para sempre. É, tenho que agradecer por tê-lo na minha vida".

Você percebe quão doentio é isso? Ele deixava claro que eu era desinteressante. Me botava para baixo justamente para garantir que eu não saísse de perto, e eu aceitava isso. Era grata por tê-lo na minha vida, mesmo que ele me tratasse mal.

Quando um cara começou a dar em cima de mim na escola e eu comentei com ele, a resposta foi:

— Para de achar que as pessoas dão em cima de ti, Ana! Tá louca?! Quem vai dar em cima de você?

O problema é que eu me achava tão gorda e feia que tinha muito medo de terminar com ele e nunca mais conseguir ficar com alguém ou fazer sexo. Santa ingenuidade. Mal sabia eu que tesão é uma parada que vai além do físico e que há, sim, mulheres gordas que são lindas, sexy e transam!

Eu queria terminar, mas não tinha coragem. Então, comecei a colocar condições:

"Quando eu pegar a faixa preta, vou terminar."

Peguei a faixa preta e nada.

"Quando mudarmos para a segunda escola."

Mudamos e nada.

"Quando a mãe e a mana vierem morar aqui em Porto Alegre."

Vieram e nada.

"Quando eu pegar meu segundo grau da faixa preta."

Passei para o segundo grau e nada.

"Vou esperar ter mais gente para ajudar na escola."

Formamos cinco Mestres de uma vez só e nada.

Aí eu "aceitei" meu destino e desisti. "Ok, vou casar com ele e ser infeliz para o resto da vida. Pelo menos eu vou ser Mestre Itinerante, trabalhar com Pa-Kua, viajar muito e ter dinheiro."

Aceitei que o meu destino era colocar sempre as outras pessoas antes de mim. Meus alunos passaram a ser o grande motivo para eu sobreviver e existir, já que o resto não me fazia feliz.

Passei a comer muito, a me exercitar menos, a dormir e a engordar cada vez mais. Eu subia na balança às vezes, apenas por curiosidade. Via sempre um número diferente, mas nunca menor que o anterior.

94 quilos.

97 quilos.

103 quilos.

106 quilos.

114 quilos.

119,8 quilos.

Foi ao ver esse número que tomei uma decisão muito importante. Pararia de me pesar.

Zona de **conforto**

Eu finalmente havia me tornado Mestre faixa preta terceiro grau, uma das mulheres mais graduadas do País. Tinha muitos alunos em várias disciplinas, todos apaixonados por mim e eu por eles. Era dona de uma empresa que crescia cada vez mais e, além de dar aulas, fazia a parte de logística e publicidade.

Eu havia feito um curso técnico de design gráfico e já tinha trabalhos meus espalhados pelo mundo. Não atuava mais somente para a minha escola; agora cuidava do design da Liga Internacional de Pa-Kua como um todo, fazia panfletos para Portugal, placas para a Itália, convites para eventos do Brasil, roupas que seriam vendidas pelo mundo e coisas do gênero.

Eu gostava de ser a Mestre Ana, ou, como os meus alunos me chamavam, Capitã Nascimento (em referência ao filme *Tropa de elite*). Eles receberiam treinos pesados e aprenderiam tudo o que deviam aprender. Eu queria tirar o melhor de cada aluno em aula e me tornei muito boa nisso.

Minhas especialidades eram as disciplinas de Formação Marcial, Ioga Chinesa e Pa-Kua Ritmo (arte marcial com música). Eu me dedicava cento e dez por cento às aulas e não deixava que o meu peso interferisse na qualidade do conteúdo. Todos se impressionavam ao ver uma menina obesa com abertura total de pernas e alongamento invejável.

Eu sabia fazer todas as técnicas de defesa pessoal muito bem e tinha força. Na hora do combate direto eu era lenta e não conseguia fazer muitos golpes aéreos, mas me dava bem quando a luta ia para o chão.

Sei que as pessoas me admiravam porque eu mostrava que era alguém além do meu peso. Eu era a prova de que o Pa-Kua era uma luta que todos poderiam praticar com sucesso. Não importava o tipo físico: todos poderiam ser faixa preta e donos de escola.

Quando formei meu primeiro aluno faixa preta, quis abrir uma escola minha, sem depender do meu namorado. Corri atrás para abrir um recinto em Eldorado do Sul, na grande Porto Alegre.

Era uma escola pequenininha, como a primeira que tivemos, mas agora tínhamos mais noção de negócios e sabíamos que poderíamos ter sucesso.

A meditação é um momento de paz só seu.

Eu sentia muito orgulho por ter apenas 21 anos e ser vista como um exemplo para tanta gente. Ensinar outra pessoa a fazer algo e saber que ela está sendo mais feliz por isso é algo que me preenche desde a época em que eu tocava bateria e ensinava aos adolescentes os princípios básicos da música. Imagine a minha felicidade ao saber que estava tendo um efeito muito mais direto na vida das pessoas através do Pa-Kua. Ahhhh, é... Estou falando um monte aqui sobre Pa-Kua e nem expliquei o que é, né?! Aff... que errado! Vamos corrigir isso.

Pa-Kua (Pa = oito; Kua = mutações/mudanças) é um pilar fundamental da filosofia e do pensamento antigo chinês, todo baseado nos estágios de mutação da natureza.

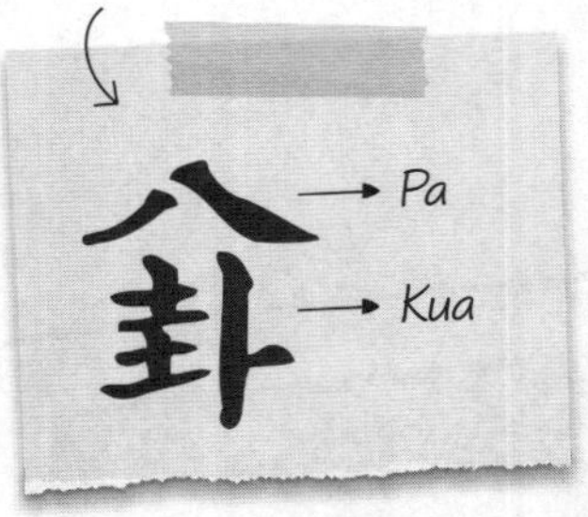

Antigamente esse conhecimento era passado de pai para filho de forma única e vivencial, ou seja, era aquela coisa de aprender um pouquinho aqui e ali durante o dia.

Quando foi trazido para o ocidente, o Pa-Kua foi dividido em disciplinas para que as pessoas pudessem praticar o que mais gostassem.

Comecei praticando Arte Marcial e Reflexologia, mas com o tempo acabei me graduando em todas as disciplinas.

É um ensinamento muito legal e faz parte da minha vida há muito tempo. Pronto. Agora que você tem mais ou menos uma ideia do que se trata, bora seguir o baile!

Como o Pa-Kua é basicamente o estudo das mudanças e a busca pela evolução pessoal, eu trabalhava muito isso com meus alunos. Eu os ajudava a enfrentar seus medos, desafiar o presente e mudar o próprio futuro.

Lembra daquela parte em que eu falei que tinha esquecido de mim e colocava todos em primeiro lugar? Eu me sentia feliz por ver meus alunos mudando e conquistando seus objetivos; era como se fossem conquistas minhas também, por isso eu não tinha mais vontade de mudar nada em mim. Dava muitas aulas por dia e praticamente não tinha roupas que não fossem do uniforme. Vivia com a calça larga que usava para lutar e as camisetas com o símbolo da escola. O cabelo estava sempre preso e eu nunca usava maquiagem. Eu mal tinha tempo para me olhar no espelho, então para que cuidar das sobrancelhas e da pele? Não me estressava com isso. Eu só tinha de saber lutar bem e ter um bom alongamento para dar aulas de ioga.

Meu relacionamento continuava a mesma coisa, mas agora estávamos morando todos sob o mesmo teto: eu, meu namorado, minha mãe, minha irmã e o nosso gato, Al Capone. Isso me dava uma pseudossegurança, pois eu sabia que se desse algum problema no namoro quem teria que sair da casa seria ele e não eu. Mas não ia dar: já estávamos planejando casamento, filhos e novas escolas.

Eu tinha 21 anos, era uma Mestre de terceiro grau respeitada no Brasil e no mundo, tinha duas escolas cheias de alunos, era casada com um cara que não bebia e não fumava, morava com minha mãe e minha irmã e fazia anos que não falava com o meu pai. Tudo parecia ok. Eu tinha entrado na famosa zona de conforto.

Mãe e irmã. No meu discurso na cerimônia do Oscar vai ter agradecimento especial para elas.

Essa **sou eu?**

Depois de algum tempo, os dias passaram a ser todos iguais, sem graça e rotineiros. Até que uma das coisas mais assustadoras da minha vida aconteceu. Acho que nem sob efeito de drogas eu teria uma viagem tão louca como tive naquela noite.

Cheguei em casa lá pelas dez horas, depois de trabalhar bastante. Eu ainda estava ofegante porque a nossa casa ficava no topo de uma leve (bem leve) subida de duas quadras e aquilo me cansava. Peguei o elevador para subir um andar, deixei minhas coisas em cima da cama e fui me preparar para tomar banho e dormir. Entrei no banheiro, tirei a roupa e fui em direção ao box, mas ao passar pela frente do espelho pensei ter visto alguém em uma janela. Tomei um susto meio paralisante e voltei rápido para conferir quem era.

Sabe esses vídeos de internet em que os gatinhos não se reconhecem e tomam um susto quando se veem no espelho? Foi quase a mesma coisa, mas com certeza menos fofo. Fiquei parada, apoiada na pia, observando aquele rosto que eu literalmente não sabia quem era.

Acho que perdi a consciência por alguns minutos. Fiquei olhando para aquele rosto, comecei a me movimentar e acenar para ver se os movimentos eram correspondentes e me apavorei ao perceber que aquela pessoa se movimentava ao mesmo tempo que eu.

Espera. Essa sou eu?!?!?! Fiquei mais alguns minutos olhando dentro das minhas pupilas, encarando aquele buraco negro vazio. Elas pulsavam, mas não tinham vida nenhuma. Jura que essa sou eu?!

Tomei um banho demorado e reflexivo naquela noite; eu não tinha certeza do que pensar. Como assim não me reconheci? Eu realmente fiquei acenando para o espelho? Estou ficando louca? Essa sou eu?

Não consegui dormir. Fiquei deitada o tempo todo sem saber o que estava acontecendo comigo. No outro dia, a aula não teve a mesma emoção de antes, nem os meus alunos conseguiram me fazer sorrir.

Eu tinha quase 22 e me sentia com 40. O que de novo poderia acontecer comigo? Engravidar? Vou me tornar aquela mãe obesa da qual todos os coleguinhas do filho têm nojo?

A partir desse momento, comecei a perceber que tinha abandonado completamente a minha vida particular, o meu eu, a Ana Maria. Passei a ser a minha faixa preta.

Eu não escutava mais rock 'n roll, jazz ou MPB. Meu repertório musical consistia nas músicas eletrônicas para as aulas de arte marcial ou naquelas com sons de pássaros, chuvas etc. para as aulas de ioga.

Eu estava morando em Porto Alegre havia praticamente cinco anos e continuava conhecendo apenas dois shoppings, um parque e a minha escola. Não sabia nem pegar ônibus e tinha medo de ir ao centro da cidade a pé.

Eu tinha parado de rir, não fazia mais piadas e não falava alto. Passei a achar aquilo ridículo e vergonhoso. Não lia mais nenhum livro de histórias ou de poemas, nada além de filosofia chinesa e estudos de medicina oriental.

Eu nunca havia bebido nada além de Coca-Cola e não comia carne, mesmo morrendo de vontade. Tinha quase 22 e nunca havia beijado ninguém além de um cara que não me beijava com carinho. O que eu estava fazendo comigo?

Esses pensamentos levaram a uma série de noites de insônia. Quando eu conseguia dormir, tinha pesadelos terríveis. Os Mestres notaram que eu não estava bem e tentaram me ajudar de várias formas. Fiz terapia, sessões de acupuntura, meditação e até recomecei a escrever meu diário, mas nada adiantava.

Eu estava triste com quem eu era e em choque por ter me permitido chegar a esse ponto. Até que um dia, numa manhã de sábado, a campainha de casa tocou. Era o meu pai. Não acreditei quando o vi na porta, aquele cara extremamente magro e tão diferente. Ao abraçá-lo, senti suas costelas. Não era o mesmo abraço que eu ganhava quando criança. Chorei demais.

— Pai, está tudo dando errado!!

Falei tentando buscar algum resquício de amor entre mim e ele; em vão, obviamente, pois isso não existia mais.

No tempo em que não nos vimos, meu pai tomou algumas decisões erradas, se desentendeu com a família dele e por isso apareceu lá em casa.

Conversei muito com o meu namorado e a minha família e todos entendemos que o certo era recebê-lo da melhor forma possível.

Coitado do meu namorado. Eu sei que ele também não estava mais feliz no relacionamento. Nós dois sabíamos que não éramos felizes, e acho que ele tinha o mesmo receio que eu. Se terminasse comigo, teria que começar a vida do zero. De qualquer forma, eu era uma segurança que ele tinha, afinal dois terços das contas de casa eram pagas por mim e pela minha mãe. Então, ele engoliu muito sapo durante o fim do nosso namoro. Ele agora estava morando com a namorada, a sogra e o sogro, que eram divorciados, a cunhada e o gato.

Meu pai ficou lá em casa por três meses, tempo suficiente para eu afundar ainda mais na depressão e na crise de identidade, pois ele continuava o mesmo cara competitivo e me destratava constantemente. Eu estava desesperada para sair de onde estava, do corpo em que estava, mas tinha medo e não encontrava forças para isso.

Comecei a descontar todas as frustrações nos meus alunos. Eu já não era mais uma boa Mestre. Nunca vou esquecer o olhar de uma aluna de 14 anos quando gritei porque ela não quis lançar um cara de 23, com uns 80 quilos, por cima do seu próprio corpo. Ela fazia aula comigo desde os 11, eu a vi crescer e naquele momento os olhos dela, cheios de lágrimas, gritavam "quem é você?!". Depois disso ela nunca mais apareceu na escola, e aquilo me matou por dentro, porque percebi que eu não era nem mais a boa Mestre que sempre fui.

Tentei começar a controlar tudo o que acontecia na minha escola. Tornei-me cada vez mais agressiva e já não era mais querida por todos. Cometi muitos erros naquela época, erros que tento reparar até hoje.

A **outra**

Eu estava sufocada. Tudo em volta de mim era amargo e eu não sabia como mudar. Meu namorado não me procurava mais e eu sinceramente já tinha desistido de procurá-lo também. Passei a discutir com minha mãe e minha irmã. Eu não tinha vontade de fazer nada, não ajudava mais nas tarefas de casa, e, como o meu namorado nunca ajudava, o trabalho recaiu inteiro sobre as duas.

Eu era capaz de perceber o quanto minha mãe estava agoniada por me ver sofrendo, mas não tinha coragem de contar a ela que estava presa num relacionamento que me fazia mal havia anos. Eu era orgulhosa demais para isso. Ela gostava do meu namorado e eu não queria fazê-la sofrer.

Eu ainda sofria calada, mas aquilo estava cada vez mais insuportável.

Numa noite de domingo, meu namorado disse que queria ficar sozinho no quarto. Sempre respeitei quando ele pedia para ficar sozinho. Eu achava importante cada um ter a sua individualidade. A última coisa que eu queria era ser uma namorada grudenta.

Fui para a sala assistir a *A nova onda do imperador* com a minha irmã (não me deixa esquecer de contar a história do dublador Guilherme Briggs, tá?! É bem importante) e, no meio do filme, fui ao banheiro.

Notei que a porta do quarto estava entreaberta. Meu namorado estava sem camisa e usando o meu computador. Achei estranho, porque eu sabia que ele odiava ficar sem camisa.

Ao sair do banheiro, passei pelo quarto, bati na porta e, ao entrar, percebi que ele fechou o computador muito rápido. A primeira coisa que eu pensei foi "tá vendo putaria na internet", mas isso realmente não me importava.

Ao notar o seu rosto culpado, percebi que não era só isso. Tenho muita facilidade para ler o rosto ou corpo de alguém e perceber se está ou não sendo verdadeiro. É até por isso que eu não sou ciumenta. Sempre consigo perceber se há "perigo" ou não. Todas as vezes que senti ciúmes, eu acertei, e dessa vez foi muito forte.

— Deixa eu te perguntar uma coisa, bem na boa.

— Fala.

— Tu tá me traindo?

— Ai, cala a boca, Ana.

— Sério, sem agressividade. Está?

— Deixa de ser louca. Sai daqui e me deixa ficar sozinho.

Ele sempre era muito agressivo quando confrontado, então eu saí e voltei a assistir o filme.

Algumas horas depois, ele apareceu na sala, me deu um grande abraço e disse:

— Eu te amo demais, sabia? Você é a mulher da minha vida.

— Tá.

Fomos jantar e eu comi muito mais que imaginava aguentar.

Dormimos.

No outro dia, ele saiu para trabalhar e eu não dei o costumeiro selinho de tchau; só queria que ele fosse logo. Foi então que pude abrir o meu computador.

Dica para os homens: a partir do momento em que uma mulher está desconfiada, ela consegue entrar em contato até com a CIA para descobrir o que quer.

Peguei meu computador e comecei a investigar.

Consegui me logar na conta dele do Skype e encontrei o que não queria encontrar. (Isso que você vai ler é real, ok?! Descobri que ainda tenho o arquivo guardado no meu HD, com o nome de merdamerdamerda.doc):

Ela: kd vc?
Ele: oi voltei
Ela: aconteceu alguma coisa?
Ele: tive que fechar rapidão
Ela: sim
Ele: minha namo veio aqui
Ela: imaginei
Ela: tu é muito safado
Ele: hahahahahaha
Ele: tava lembrando daquele dia do ônibus
Ela: o q tem?
Ele: que vc falou que queria ver o meu orgao e depois disse que era brincadeira
Ela: toda brincadeira tem um funao de verdade
Ele: vamos continuar então

Quando li aquilo, meu estômago começou a embrulhar e eu senti uma dor no peito como se tivesse levado um soco. Continuei lendo e encontrei muitas coisas que não faz sentido escrever aqui.

Essas conversas eram com a ex-namorada dele, que ainda morava em Florianópolis.

Nesse momento, meu corpo entrou em colapso. Comecei a chorar, senti falta de ar e corri para o banheiro para vomitar. Quando parei de vomitar e achei que estava ok, eu tive... ahn... como falar isso de forma sutil? Acho que não tem como, então vou simplesmente dizer... eu tive diarreia.

Foram umas três horas de puro terror, sem saber como reagir e passando muito mal. Por sorte, minha irmã estava no colégio e minha mãe trabalhando, então nenhuma delas precisou me ver naquele estado.

A ex-namorada dele era o meu oposto. Loira, com cabelos cacheados e olhos claros, era baixinha, magrinha e meiga, fazia artesanato e sabonetes caseiros. Era o estereótipo da menininha frágil. Aquilo me machucou de uma forma que nem agora eu consigo expressar em palavras. E olha que eu conheço muitas palavras, hein?

Eu só conseguia pensar que a culpa era toda minha e que eu estava perdendo o meu homem porque não era boa o suficiente. "É óbvio que ele está procurando outras mulheres! Eu sou tão sem graça e feia, tão gorda, ridícula e sem qualidades! A culpa é minha! Ele quer alguém melhor!"

Comecei a chorar demais e a tentar entender como tinha deixado isso acontecer. Antes mesmo de conversar com ele, encontrei a menina no Orkut (!) e a adicionei o MSN (!!) para conversarmos. Iniciei a conversa:

Eu: Oi, tudo bem?
Ela: td e vc
Eu: Tudo certo, me diz uma coisa, vi um monte de fotos suas com um menino. É seu namorado?
Ela: sim
Eu: Há quanto tempo vocês namoram?
Ela: 6 anos jah
Eu: Poooxa que legal! Eu estou namorando o fulano há 5.
Ela: Fulano?!
Eu: Isso! O seu ex. Sabe aquele com quem você anda fazendo putaria?
(minutos sem responder)
Eu: Você ainda está aí?
Ela: to
Eu: Então, como resolvemos essa situação?
Ela: resolver?
Eu: Pois é! Estou a fim de resolver contigo antes mesmo de conversar com ele. O que você acha?
Ela: n sei, o que vc quer
Eu: A única coisa que peço é que você se afaste dele, tire dos teus contatos e nunca mais apareça na nossa vida. Não sei há quanto tempo isso está rolando, mas agora já chega, né?!

Ela: hmmm ta
Eu: Eu estou com todas as conversas de vocês salvas aqui no computador, vai ser um prazer enviar para o teu namorado e destruir o seu namoro assim como você está destruindo o meu.
Ela: ta bom, concordo. podemos ser amigas?
Eu: hahahaha vou pensar no seu caso.

Terminada a conversa com ela, comecei a pensar em como falaria com o meu namorado e como resolveria essa situação toda. Eu achava que devia perdoá-lo e dar uma 923848748702ª chance para o nosso relacionamento, porque tinha certeza de que ficaria sozinha para sempre se terminasse.

Me recompus, desci até a escola e o chamei para conversarmos no jardim, onde falei que descobrira o que estava acontecendo e tinha tudo registrado.

— Além de canalha, você é burro! Fez essas coisas todas no MEU computador!

— Você que é uma ridícula e invadiu minha privacidade.

Foi aí que começamos uma briga que durou dias sobre quem estava errado ou não. Ele não admitia a sua culpa, apenas jogava tudo em mim por ter ido atrás e descoberto toda a história.

Lembra que eu tinha dito que havia desistido da minha vida? Depois disso eu desisti mesmo. Nada mais fazia diferença para mim; passei a ser inerte. Ficar ou não com ele, dar aulas ou não, estar sozinha ou não, viver ou não, nada mais importava; eu não estava nem aí.

— Cara, não aguento mais brigar. Só te decide: ela ou eu.

Depois de uns dias, enquanto eu estava no jardim pensando na vida, ele apareceu e, como se eu fosse um Pokémon, disse:

— Eu escolho você.

— Ok, então quero ver você deletando ela do MSN.

E, na minha frente, eu vi aquele contato indo embora.

Quero **sumir daqui!**

Ooooooooownnnn! Que lindo que terminou o capítulo anterior! Até parece que o livro ia terminar aqui e a história era toda essa! Sinto te desapontar, mas nana-ninanão. Tem muita coisa para contar ainda.

Espero que você não esteja cansado de ler. Tá cansado? Se quiser tirar um tempinho, comer um sanduíche ou fazer um xixizinho, eu espero.

Eu vou achar tão legal se você realmente largar o livro agora e for dar uma volta. Depois me avisa pelas redes sociais se fez isso ou não.

Não se preocupe, eu ainda estou aqui.

Opa! Voltou! Que bom, eu estava com saudade já. Deixa eu contar o que aconteceu um mês depois do capítulo da Outra.

Era fim do ano e nós teríamos as Aulas Abertas Nacionais de Pa-Kua em Uberlândia, um grande evento anual da escola, no qual vários praticantes do Brasil se reúnem para fazer cursos e trocar experiências.

Participamos de diversas apresentações e fizemos muitas aulas, entre elas o tão sonhado curso de Mestre de que eu precisava para conquistar o sonho de viajar pelo Brasil para ensinar.

Nos dias de aula, eu estava em meio aos Mestres mais graduados do Brasil. Era uma das poucas mulheres lá e me sentia feliz por isso.

Como de costume, depois do curso, nos reunimos em uma sala para escrever os nossos relatórios para os Mestres mais graduados. Eu e meu namorado estávamos sentados lado a lado em uma mesa, os dois escrevendo concentradíssimos, até que fomos interrompidos pelo som que o MSN fazia quando alguém ficava on-line. TULULUM!

A janelinha subiu no lado inferior direito dos dois computadores: Fulana, A Outra, está on-line!

Espera. Como assim ela estava on-line no computador dele também? Eu o vi deletando o contato!

— Você adicionou de novo?

— Não me enche o saco.

— Você adicionou de novo?!?!

— Ana, não vamos falar disso.

— Eu não acredito. Por quê?

Foi aí que eu chutei o balde. Não me importava mais com a imagem dele de Mestre ou qualquer outra coisa. Eu não aguentava mais nada. Acabamos discutindo na frente dos Mestres e dos nossos alunos. Eu não conseguia parar de chorar, e aí o segundo Mestre mais graduado do mundo me chamou para dar uma volta e conversar.

Esse Mestre é um cara muito especial para mim. Ele é daquelas pessoas com quem você aprende simplesmente por estar perto e observar o seu comportamento. Sei que gostava muito de mim e valorizava o meu trabalho, além de tentar me ajudar de todas as formas o tempo todo; sou fã dele até hoje.

— Mestre, eu não aguento mais.

— Antes de tudo, fique calma e ponha a cabeça no lugar.

— Eu não aguento mais. Quero sumir daqui.

— Ué, e por que você não some?

— Eu não tenho pra onde ir.

— E você precisa sair como uma perdedora? Você tem o mundo todo para explorar.

— Como assim?

— Passe um tempo fora, conheça outras coisas, tenha outras experiências.

Uma faísca de esperança surgiu em mim. O segundo Mestre mais graduado do mundo dizendo que eu poderia fazer outras coisas e ter outras experiências? Isso era possível? O meu namorado nunca me deixou nem pensar nisso!

— Pra onde eu vou?!

— Vamos falar com o seu Mestre. Quem sabe você fica um tempo nos Estados Unidos?

— Sério? Isso é possível?!

— Tudo é possível quando se tem vontade. Você quer?

— Quero!

Nessa mesma hora fomos conversar com o meu Mestre, aquele americano baixinho que eu adoro. Ele sempre soube o quanto e como eu sofria, mesmo que eu não falasse nada.

Ele entrou em contato, por Skype, com o Mestre dele de Nova York; em questão de minutos estava tudo certo e eles estavam prontos para me receber. Eu só precisava fazer meu passaporte e tirar o visto para os Estados Unidos.

Que sensação de alívio! Eu iria embora!

Miami, **bitch!**

O plano era passar três meses em Miami e depois duas semanas em Nova York. A escola de Miami pertencia a uma Mestre que estava precisando de ajuda para inscrever alunos. Modéstia à parte, esse era um talento que eu sabia que tinha.

Uma vez fui passar um mês no Rio de Janeiro ajudando o meu Mestre a abrir sua escola. Já no avião, conversei com a mulher sentada ao meu lado durante a viagem e cheguei ao Rio com dois alunos inscritos.

Lembra que eu disse que era muito tímida, mas, na hora em que colocava meu uniforme, virava uma super-heroína? Então. O Pa-Kua sempre foi algo que me impulsionou a ser melhor e superar meus medos. Quando era para falar da escola, eu mostrava um poder de persuasão muito grande, e outros lugares podiam aproveitar isso.

Eu estava tão empolgada que ouvia a música "I'm in Miami, Bitch" quase todos os dias! Queria criar energia boa para que tudo desse certo.

Depois do plano de viagem pronto, o próximo passo foi tirar o passaporte. Coisa chique, hein? Eu sempre achei passaporte uma coisa muito fina, e quando era criança não acreditava que teria um. Depois de um mês, eu estava com o passaporte nas mãos e agora era só tirar o visto para entrar nos Estados Unidos.

Hahahahaha. Pausa para rir do SÓ que eu escrevi aqui. Depois daquela história das torres gêmeas, tirar um visto para os EUA deixou de ser uma atividade simples, e eu tinha muito medo de não conseguir.

Reuni todos os documentos e várias coisas que pudessem comprovar que eu tinha um vínculo forte no Brasil e não iria me tornar uma imigrante ilegal nos EUA. Fomos para o Rio. Nesses dias eu estava me sentindo meio culpada por querer tanto ir embora, porque o meu namorado estava mudado e, talvez em função da culpa, muito carinhoso comigo. Ele ficou ao meu lado o tempo todo.

Acordei cedo para ir para a fila e, chegando ao Consulado, um auxiliar já me avisou que minha foto não ia passar e que eu precisava tirar outra. Mau sinal.

Nós nos despedimos e eu entrei sozinha. Acho que fiquei umas três horas na fila e estava cada vez mais nervosa. Minhas pernas estavam inquietas.

Finalmente cheguei às cabines de entrevista. Nós ficávamos numa grande fila e lá nos separávamos conforme as entrevistas iam terminando. A pressão e o nervosismo foram aumentando, vi pessoas saindo felizes, outras tristes, algumas até desesperadas.

Chegou minha hora; meu coração parecia saltar pela boca. "Mantenha a calma, Ana. Lembre-se de responder somente o necessário e com respostas curtas", pensei, enquanto andava em direção ao Cônsul.

— Nome, idade e motivo da viagem.

— Ana Maria De Cesaro, 22 anos, turismo.

— Quanto tempo pretende ficar nos Estados Unidos?

— Três meses.

— Faz faculdade?

— Não.

— Sinto muito lhe informar, mas o seu visto para os Estados Unidos foi negado. Aqui está um documento para você. Boa tarde e obrigado.

— Espera. Acabou?

— Sim, por favor se retire.

— Não! Eu tenho uma empresa em Porto Alegre, uma relação estável, tenho tudo para provar.

— O seu visto foi negado. Obrigado e boa tarde.

— Não, espera! Deixa eu te mostrar os documentos.

— Não há interesse, boa tarde.

A sensação era de que eu pesava 300 quilos e não conseguia andar. Tudo ficou lento à minha volta e o som, abafado. O teto havia caído sobre a minha cabeça. Fui andando com aquele papel na mão até o fim do prédio, segurando as lágrimas com o restante das forças que eu tinha.

Aquele foi o primeiro NÃO que eu recebi que realmente doeu e machucou fundo. Poxa, pela primeira vez eu faria algo única e exclusivamente por mim e isso não dá certo?! Fiquei arrasada.

Quando saí, meu namorado me esperava com um sorriso.

— E aí?! Como foi?

— Não foi. Não consegui.

Comecei a chorar e recebi um abraço que havia muito tempo não recebia dele. Tinha um grande carinho e compaixão ali. Voltamos para Porto Alegre e eu não sabia bem o que pensar ou como agir.

Eu devia contar aos Mestres que não tinha conseguido o visto e não poderia ir para Miami ajudar a Mestre na sua escola. Foi difícil. Eu me senti uma perdedora, mas obviamente eles não me deixariam sentir assim.

Como eu amo os Mestres de Pa-Kua e a sua capacidade de ajudar a gente a colocar a cabeça no lugar! Depois de me acalmar, o Mestre teve a seguinte conversa comigo:

— Eu sei que você está triste porque não conseguiu o visto, mas quero saber se você vai desistir.

— Eu não sei o que fazer, né, Mestre?

— Ué, busca outra possibilidade; é simples.

— Tipo?

— Já pensaste na Europa?

— É... a Europa seria legal mesmo.

— Estou indo para lá daqui a três semanas. Se você quiser, pode ir e já fazemos umas aulas lá.

— Três semanas?! Será?

— Você que sabe.

Ora, **pois!**

Cara! Chegamos ao capítulo mais importante do livro!!!! Comemore comigo!! Bora dançar!

Lembra que eu disse que a minha vida tinha certos marcos? Pois bem, o mochilão pela Europa foi o mais importante deles. Foi exatamente nessa viagem que encontrei a Ana Maria e, melhor ainda, me apaixonei por ela!

Antes de começar a contar, preciso agradecer imensamente àqueles que tornaram essa viagem possível. Os Mestres que me convidaram e me receberam da melhor forma nas suas escolas, minha mãe, pelo apoio logístico e pela confiança, minha irmã, pelas intermináveis noites de companhia pelo Skype e, com certeza, o meu namorado, que me apoiou muito para que eu conseguisse viajar.

Fiz todas as correrias e consegui marcar meu voo para a Europa. O que eu tinha nas mãos:

- passagem de ida e volta (três meses depois) para Portugal
- 500 euros no bolso, conseguidos por um empréstimo que minha mãe tirou no banco (obrigada, mãe!)
- uma carta do Mestre de Lisboa me convidando para ficar lá
- pasta com todos os documentos que juntei para o visto norte-americano

Quando entrei no avião, tive a sensação de estar deixando toda a minha vida para trás e finalmente estar livre para ser quem eu quisesse, sem ser julgada por ninguém.

Ao chegar a Lisboa, estava morrendo de medo de não conseguir entrar, mas a conversa foi bem tranquila.

— Nome, idade, motivo da viagem.

— Ana Maria De Cesaro, 22, visitar a escola do meu Mestre.

— Mestre de...?

— Eu pratico arte marcial e faço parte de uma Liga Internacional.

— Onde ele mora?

Entreguei a carta mostrando o endereço.

— Quanto tempo pretende ficar?

— Três meses.

— Quanto dinheiro você tem para ficar aqui?

— Quinhentos euros.

— Isso é muito pouco. Você sabe que não pode trabalhar aqui.

— Sei, mas a minha mãe vai depositar mil euros por mês para mim. Aqui tem uma carta dela dizendo que a viagem é presente de aniversário.

— Não há necessidade. Bem-vinda à Europa.

NESSA HORA EU QUIS PULAR E DAR UM BEIJO NA TESTA DELE DE TANTA ALEGRIA!!!! (Desculpe as letras maiúsculas, mas é que eu fiquei muito feliz mesmo!)

A única coisa que eu fiz de errado foi dizer para ele que a minha mãe depositaria dinheiro, porque, com certeza, ela não teria como fazer isso. Na época o euro estava muito, muito caro.

Aquele aeroporto era gigante, assustador. Eu era uma menina do interior que nunca tinha andado sozinha nem em Porto Alegre e estava morrendo de medo, mesmo assim não conseguia parar de sorrir. Saí e encontrei o segundo Mestre mais graduado do mundo e o Mestre local me esperando.

— Eu falei que estaríamos aqui esperando você.

Eu não conseguia responder nada, só sorrir.

Portugal, a primeira parada rumo à vida nova.

Fomos para a escola de Lisboa, que era linda. Eu dormiria em uma cama que o Mestre montou no vestiário masculino. Sim, no masculino, porque o vestiário feminino era o banheiro.

O primeiro dia foi todo muito estranho em função do jetlag. Eu não sabia direito o que estava acontecendo e tive muito sono. Na outra manhã, acordei supercedo para fazer aula com o Mestre.

Eu estava cansada e megassonolenta, mas, ao mesmo tempo, empolgada por ter a oportunidade de fazer uma aula com o segundo Mestre do mundo. Só ele e eu. Que sensação maravilhosa poder ser aluna depois de tanto tempo sendo Mestre! Eu estava ali para aprender e não para ensinar.

É estranho tentar descrever em palavras o que estava acontecendo comigo naqueles dias. Eu estava do outro lado do oceano, longe de todos os problemas que me afetavam, meu namorado não estava lá para me pressionar, eu já não me importava com a situação da ex-namorada dele, meus alunos estavam todos tendo aulas em Porto Alegre e eu não tinha mais a pressão de forçar um sorriso que não existia.

Agora eu podia ser eu.

Depois de uns dias na Europa, comecei a sentir dificuldade para me comunicar com o pessoal no Brasil e contar o que estava acontecendo. Naquela época, eu nem usava o Facebook direito e estava me irritando por ter que repetir as mesmas informações para todo mundo.

Comecei a me perguntar como poderia informar minha família, meus alunos e amigos sobre onde eu estava e o que fazia. Eu não queria escrever um e-mail diferente para cada um, nem queria escrever um blog, porque achava que ninguém ia ter paciência para ler.

A viagem para a Europa foi em 2010. Em 2009 surgiu a moda dos vlogs no Brasil. Vlogs eram vídeos curtos e amadores em que as pessoas falavam sobre o que quisessem.

Eu e minha irmã já tínhamos pensado em fazer um vlog chamado "Tá, e Aí?!", mas nunca colocamos o projeto em andamento. Minha mãe não gostava da ideia de exposição das duas filhas, e, como a minha irmã era menor de idade, ela não concordou.

Então, eu pensei: "Hum... É isso que vou fazer para informar a galera sobre a minha viagem. Vou anotando as coisas que forem acontecendo comigo, no fim da semana posto o vídeo no YouTube e mando o link pra todo mundo”. Eu já era maior de idade e era responsável pela minha própria exposição.

Foi a primeira vez que tive coragem de fazer algo que eu sabia que ia confrontar minha mãe. Lembra que eu disse que ela é a pessoa mais importante da minha vida e que eu jamais quis fazê-la sofrer?

Pensa no que passou pela minha cabeça quando resolvi dar esse salto. Parece que foi ontem o dia em que cliquei no botão “upload” e falei em voz alta: “Desculpa, mãe”.

Tá, e Daí?! Ana pela Europa #1

Pronto! Lancei meu primeiro vídeo, com o título de “Tá, e Aí?! – Ana pela Europa #1”. Minha irmã ficou chateadíssima por eu ter usado o nome do projeto que seria nosso, então a partir do segundo vídeo meu vlog passou a se chamar “Tá, e Daí?!”.

Foi assim, desse jeito despretensioso, que dei o primeiro passo para mudar a minha vida por completo.

Finalmente **livre**

Não vou contar tudo o que aconteceu comigo na Europa, né? Foram três meses lá, e eu realmente fiz muita coisa. Então, se por acaso você quiser saber, sugiro que vá ao YouTube e digite *Ana pela Europa*.

Fiz da escola de Lisboa o meu QG. Decidi que iria trabalhar o máximo que pudesse para juntar dinheiro e conhecer outros países também. Afinal, lá é tudo pertinho. Eu panfletava na rua, vendia cursos, fazia massagens e inscrevia alunos, basicamente o mesmo que fazia no Brasil. A diferença é que tinha a certeza de que precisava economizar tudo o que pudesse.

Comprei uma *Rolling Stone*, que usei como cofre durante o mochilão. Todo o dinheiro que eu ganhava ia dividindo pelas páginas da revista, separando uma quantia para gastar por dia e uma para futuras viagens. Tenho essa revista guardada até hoje.

Portugal foi o país onde comecei a aprender a viver sozinha. Lembro do medo que senti na primeira vez que peguei um ônibus por lá.

Mais importante que isso foi passar a gostar de fazer coisas sozinha. Eu não imaginava que pudesse curtir um momento comigo mesma. Na minha cabeça, a companhia de outra pessoa era uma necessidade constante, mas mudei de ideia.

Portugal também foi responsável por reacender uma chama no meu coração. O Mestre local era um grande baterista de jazz e me levou para conhecer a noite de Lisboa. O Bairro Alto é cheio de bares; lá eu vi shows incríveis, que me fizeram perguntar "Por que mesmo eu parei de ouvir isso?!". Ver o Mestre tocando bateria era o máximo, e eu não entendia por que havia parado de tocar.

Em Portugal, consegui juntar dinheiro suficiente para ir para mais quatro países: Espanha, Itália, Irlanda e Inglaterra.

Na Espanha, tive contato com um dos maiores Mestres do Brasil. Ele e a família me receberam superbem, passeamos muito e eu tive a oportunidade de fazer aulas, o que foi gratificante.

Foi na Itália que eu percebi que fazia parte de algo. Lá todos falavam e riam muito alto, as mãos eram tão importantes numa conversa quanto as palavras e ninguém achava isso errado ou vergonhoso. Todas as mulheres se pareciam comigo, vi muitas morenas voluptuosas e cheias de atitude que eram lindíssimas sem precisar ser supermagras. Eu não conseguia pensar em outra coisa a não ser "Agora tá explicado. Foi daqui que eu vim".

Na Irlanda, pude finalmente sair e ir a baladas e festas, coisa que nunca fiz em Porto Alegre. Curti muito com o meu amigo/irmão que me ofereceu sua casa para ficar, e com minha amiga de Porto Alegre que encontrei em Dublin depois de anos sem nos vermos.

Foi lá, inclusive, que descobri que poderia ser uma menina atraente.

— Maninho, você me leva para as festas em Dublin?

— Claro, mas aqui você tem que se arrumar bem, hein? As meninas se arrumam como bonecas e os homens só se interessam por mulheres assim.

Depois de ouvir isso, comprei um par de sapatos de salto. Paguei sete euros por eles. Tentei me arrumar e ir até a tal balada, mas não aguentei andar duas quadras com aquilo.

Tirei os sapatos e passei a noite descalça. Eu não me importava. Só queria dançar e me divertir. Até que um cara veio falar comigo.

— Hum, notei que você está descalça...

— Não. Eu sou a Cinderela e estes são os meus sapatinhos de cristal – respondi, no ápice da minha meiguice.

Ao ver isso, o meu irmão veio falar comigo:

— Por que você deu um fora naquele cara?

— Fora?! Ele veio rir de mim porque eu estava descalça!

— HAHAHAHA! Ana!!! Ele veio dar em cima de você. Foi a forma dele de puxar papo!

— Como assim?!!

Não consegui acreditar que um homem lindo daqueles se interessou por mim. Eu era feia, gorda e desinteressante, ou... espera... será que não?! Será que, mesmo sendo gorda e estando descalça, eu poderia chamar a atenção de alguém?!

Resolvi testar isso na noite seguinte e sair vestida de Ana Maria mesmo, usando blusa preta, saia xadrez e tênis Nike. Se eu ia dançar, queria estar confortável.

Estava na pista quando um cara lindo veio dançar comigo. Mesmo sem acreditar, dancei muito com ele. Não era errado, era?! Depois mais um e outro e outro e outro, até que eu estava dançando com um monte de gente ao mesmo tempo e tive de ser salva pelo meu irmão.

— O que está acontecendo?! Eles realmente estão interessados em mim?! – perguntei.

— Pois é!

— Mesmo sendo gorda, usando tênis e praticamente sem maquiagem?

— Um dos caras comentou comigo que o seu sorriso era o mais lindo do bar.

Comecei a ficar feliz demais por saber que uma nova vida, sem depender do meu namorado, era possível. Essa mudança de pensamento transpareceu nos vídeos. Comecei a ficar mais vaidosa e a gostar de mim.

Finalmente estava me sentindo livre. Não só dos meus problemas no Brasil, mas também das amarras que tinha aceitado por causa da minha família e do meu namorado. Eu poderia ser eu! Podia falar alto, rir, fazer piada, usar tênis, dançar e ser feliz.

London, **baby!**

★★★

Todo mundo estava me assustando e falando que era superdifícil entrar na Inglaterra, que muitas pessoas haviam chegado e voltado logo depois porque todos eram rígidos demais por lá.

Não sei o que aconteceu realmente, se era para completar a minha felicidade por estar na Europa ou foi simplesmente sorte, mas para mim foi superfácil entrar e eu ainda recebi um visto para ficar seis meses por lá.

Cheguei à Inglaterra e fui direto para uma cidade chamada Ely, onde passaria alguns dias com o Mestre local e a família. Esse Mestre é outro que sempre foi muito especial para mim. Foi ele que viu o meu talento para o design gráfico e me incentivou a trabalhar nessa área também. Ele é muito prático e um grande entendedor de negócios; conversar com ele sempre foi sinônimo de aprendizado.

Lembro que conversamos muito sobre tecnologia, e uma das coisas que ele sempre repetia era que eu não podia me tornar escrava dela.

— Cuidado com a dependência dos gadgets. É bom viver com eles, mas importante mesmo é saber viver sem.

Grande cara esse Mestre. Passar um tempo com sua família, conhecer os filhos e a rotina em uma cidade pequena foi muito importante. Me fez pensar no futuro e no que eu realmente queria para mim. Quanto mais o tempo passava, mais eu tinha certeza de que não queria ficar com o meu namorado.

Foi em Ely que planejei como seria minha viagem para Londres, e o Mestre me deu algumas dicas de lugares legais para visitar e coisas para fazer.

— Quando chegar a Londres, vá até um pub e peça uma pint. Faz parte da experiência.

Eu não fazia a mínima ideia do que era uma pint.

A ideia de ir para Londres era muito assustadora, pois até então eu sempre tive um guia local me acompanhando, fosse um Mestre ou um amigo, mas dessa vez seria "eu comigo mesma" e ponto.

Fiz o planejamento da viagem e a reserva em um hostel bem localizado por lá. Como eu não tinha muito dinheiro e queria fazer um monte de coisas em Londres, reservei um quarto que ficava no porão e o dividiria com mais 12 pessoas a seis libras por noite.

O primeiro desafio foi sair do trem e ir a pé até o hostel; pegar um táxi seria um luxo que eu não poderia pagar. Naquela época eu não tinha smartphone, e levava o trajeto impresso em um papel. Percorri o caminho do mapa e, quando vi a placa do lugar, quase chorei de alegria. Me senti passando uma fase na vida, como se fosse um videogame.

Como eu tinha pouco dinheiro, não queria gastar com alimentação, por isso escolhi um hostel que oferecia café da manhã. Eu acordava cedo e me entupia de comida, guardava umas duas ou três torradas na bolsa para comer mais tarde e não gastava com almoço ou lanche.

Tudo o que eu consumia no restante do dia era um energético e uma barra pequena de chocolate, totalizando um gasto de duas libras por dia com alimentação.

Aí você fala: "Nossa, Ana!! Que exagero! Pra que isso?!?!". E eu, com um grande sorriso, respondo: eu não fui para lá fazer turismo gastronômico nem compras, fui para conhecer a cultura do lugar. Consegui visitar museus, ir a shows, passear naquele ônibus de dois andares, ver a London Eye e outros pontos turísticos, tudo isso a pé e com muita disposição. Achei que gastar dinheiro com comida era uma coisa meio supérflua.

Caminhei por toda aquela cidade com um mapa nas mãos. Me perdi, me encontrei e consegui chegar a todos os lugares que queria. Para uma menina do interior que nem sabia pegar ônibus na capital do seu Estado, até que me saí bem, né?

Um sonho realizado.

Ah, claro! Fui ao tal do pub para tomar a pint, que, depois descobri, era a medida de cerveja do copo da galera. Criei coragem e fui sozinha; não me importava de não conhecer ninguém, só queria conhecer o pub. Sentei no balcão e falei:

— Oi, posso ver o menu, por favor?

— Você está num pub, querida; não existe menu.

— Hummm, não sabia. Você pode me dar uma pint, por favor?

— Claro, qual você quer?

— Como assim qual? Não sei o que é uma pint.

— Hahahaha, ok. Pega esta aqui.

O cara me entregou uma pint de cerveja cuja marca até hoje não sei, mas eu adorei.

— Desculpa, eu sou do Brasil e esta é minha primeira viagem para fora. Não conheço a cultura daqui.

E assim eu fiz amizade com o barman, com quem passei umas três horas conversando sobre a vida, o universo e tudo mais. Fiquei lá um tempão, ouvindo música boa, num ambiente legal e pensando no quanto teria perdido se tivesse deixado de ir lá somente por estar sozinha.

Achei o máximo que um Mestre me sugerisse essa experiência, que até então eu achava erradíssima, pelo que tinha ouvido do meu namorado e da minha mãe.

No hostel, fiz amizade com gente do mundo todo e aquilo me preencheu completamente. Tinha deixado a timidez de lado e aprendido a conversar com estranhos.

O mochilão pela Europa foi a melhor coisa que poderia ter acontecido na minha vida. Lá eu tive a certeza de que conseguiria fazer coisas sozinha, que não dependia de ninguém e que eu era interessante sem precisar fingir ou maquiar o meu jeito de ser.

Look superapropriado para conhecer a família real. O tênis dá aquela sofisticada no figurino.

Eu estava tão feliz e realizada que naquele momento tive vontade de largar tudo. Meu visto para a Inglaterra era de seis meses e eu queria ficar lá. Queria ligar para a minha mãe, avisar que eu não tinha morrido e estava bem, mas não ia voltar.

Só que eu não fiz isso. Fugir de todos os meus problemas seria uma alternativa muito covarde, e eu jamais faria uma coisa dessas com os meus alunos ou a minha família. Eu agora era forte e estava pronta para enfrentar todo mundo. Voltei.

Poxa... você está quietinho há tanto tempo! Me conta! Já viajou para um lugar de que gostou muito? Tem vontade de ir para algum canto deste mundo? Escreve aí.

Agora é com você

Claustrofobia

Uma. Das. Coisas. Mais. Difíceis. Que. Tive. De. Fazer. Foi. Voltar. Da. Europa.

Eu tinha que voltar para a realidade, enfrentar meus problemas em um país que não tinha metade das facilidades que existiam do lado de lá.

Voltei completamente modificada e dona de mim. Sabia quem eu era e o que gostava de fazer. Gravar vídeos para a internet tinha se tornado uma paixão, e eu não queria parar com isso.

Não queria falar baixo só para não envergonhar meu namorado, não queria deixar de tomar cerveja para agradar minha mãe, não queria deixar de fazer uma tatuagem por medo do preconceito. Eu queria ser eu e fazer as coisas que me deixassem feliz.

Voltei decidida a terminar meu namoro, mudar de vida, e ninguém me faria desistir disso. Porém, depois que cheguei ao Brasil, fui pega por uma crise de desânimo que eu não imaginava que pudesse existir.

Tudo aqui me desanimava. A cidade parecia pequena e suja, as pessoas, fúteis. Ver os mesmos rostos e os mesmos lugares me deixava triste, ouvir a voz da minha mãe e irmã me irritava, beijar o meu namorado tinha gosto ruim.

Eu estava aqui, mas a minha mente ainda estava na Europa. Era tudo desinteressante e rotineiro. Eu não queria saber quem estava namorando quem, ou qual a briga da semana na escola de Pa-Kua. Não tinha vontade de sair de casa nem de fazer qualquer coisa, porque tudo parecia igual.

Me senti abraçada por uma energia ruim e densa que me dizia para não mudar nada e deixar tudo como estava. Parecia que a minha felicidade tinha ficado do outro lado do oceano. Eu estava presa em um lugar pequeno e escuro. Sabia que havia uma chave de abrir a porta e sair, mas não sabia onde nem como começar a procurar. Acabei desistindo da grande mudança de vida, continuei fazendo as mesmas coisas, com as mesmas pessoas, ainda namorando e dando aulas.

Afundei tanto nessa zona de conforto que cheguei a comprar um apartamento com o meu namorado. O dia da assinatura do contrato foi um dos mais desesperadores da minha vida. Enquanto eu assinava os papéis, ficava me perguntando "o que estou fazendo?! Por que estou aqui? Não tenho pra onde fugir!". E olhava para a rua pensando em saltar na frente do primeiro carro que passasse.

Com o tempo, meu namorado começou a voltar à forma de me tratar de antes, as brigas recomeçaram, mas eu não tinha mais forças para lutar. Eu não o via mais como homem. Para mim, era o meu sócio.

Aqui no Brasil eu continuava sendo a mesma pessoa, aquela menina submissa, designada para servir aos outros e esquecer de si.

Só que dessa vez um pedacinho de felicidade ficou por ali, dentro do meu coração. Fazer vídeos era uma coisa minha, e eu não ia deixar que tirassem isso de mim.

Outtros malucos **como eu**

Depois que voltei da viagem, eu não tinha certeza se continuaria com os vídeos. Não queria fazer vlogs sem propósito, pois achava aquilo meio sem sentido. Decidi que o meu canal no YouTube falaria sobre viagens. Eu aproveitaria toda e qualquer viagem que fizesse para mostrar o lugar e o que tinha de legal para fazer lá.

O problema é que agora eu não viajava mais sozinha, e sim com o meu namorado, e ele tinha muita vergonha de acompanhar uma maluca com um celular na mão filmando todo lugar por onde passasse. Isso foi me desanimando.

Só que fazer vídeos para o YouTube tinha se tornado praticamente um vício. Eu não conseguia parar e queria cada vez mais. Foi através da internet que conheci outros malucos como eu.

Ainda na Europa, acabei fazendo amizade com todos aqueles que hoje em dia são considerados grandes youtubers. Na época estávamos todos começando. Conheci blogueiros e leitores de blogs muito queridos e divertidos. Era uma galera que me fazia sentir confortável sendo quem eu sou.

À medida que fui fazendo vídeos, fui ganhando público e comecei a me sentir bem com isso. As pessoas gostavam das minhas piadas e maluquices, curtiam e apoiavam as minhas opiniões. Muitos diziam que eu era linda exatamente da forma como era. Sabe há quanto tempo eu não ouvia isso na vida real?

A internet era a minha fuga, o lugar onde eu podia ser verdadeira e não me importar com julgamentos, mas isso não era acompanhado off-line.

Meu namorado começou a brigar muito comigo por causa dos vídeos. Ele se sentia invadido e não gostava que eu documentasse a minha vida. Minha mãe não gostava da exposição e morria de medo de que algo ruim pudesse acontecer comigo ou com a minha irmã.

Normalmente eu desistiria dessa ideia também, mas não agora. Era a primeira vez que eu lutava por algo de que gostava e em que acreditava.

Eu sabia que tinha talento para trabalhar com a internet, embora não tivesse apoio nenhum dentro de casa.

Tudo era difícil. Eu não tinha dinheiro para investir em equipamentos nem podia largar o emprego para poder me dedicar somente aos vídeos, como muitos de meus amigos fizeram. Eu tinha que cuidar das escolas, dar cinco aulas por dia e, de alguma forma, arranjar tempo para gravar meus vídeos com a webcam mesmo.

A única pessoa que acreditava em mim, no meu talento e inteligência, era o Tio Gringo. Lembra que falei dele no começo do livro? Infelizmente, muito infelizmente, meu tio descobriu que tinha leucemia e teve de ficar cada vez mais parado, fosse em casa ou no hospital, para fazer tratamento.

Um pouco antes de ir para a Europa, fui visitá-lo no hospital. Ele estava magrinho, e aquilo me cortava o coração. Sua esposa, minha tia guerreira, estava ao seu lado, mantendo o bom humor em alta naquele quarto. Em nenhum momento ele fez um discurso derrotista. Sempre firme e falando do quanto estava lutando contra a doença.

— Chega de mim. Eu quero saber, Ana Maria. Quando você vai viajar e sair deste país? Não tem vontade de conhecer a Europa ou os Estados Unidos?

— Tio, se eu te falar que estou com a passagem comprada e embarco para Portugal daqui a uma semana, você acredita?

— Eu não esperava menos de você.

O olho embaçou aqui enquanto escrevi isso. Bora lá, continuemos a história.

Como o meu tio não saía mais tanto de casa ou estava sempre acordado no hospital em função dos remédios, nossas conversas pela internet passaram a ser mais intensas e constantes. Eu queria saber sobre o dia dele e o que ele escrevia; ele queria saber da minha vida e dos meus vídeos.

Comecei a viajar menos e tive de encontrar outros assuntos para falar. Muitos foram sugeridos pelo Tio Gringo, alguns foram vivências do dia a dia. Até receitas eu dava.

A internet estava cada vez mais presente na minha vida, e gravar vídeos passou a ser a parte mais feliz também. Eu já não gostava do restante e estava cansada de tudo. Aos pouquinhos, aquela força e vontade de mudar começaram a crescer novamente dentro de mim.

No começo de 2011, participei do primeiro evento tecnologia da minha vida. Fui para a Campus Party e lá tive contato com outros malucos que trabalhavam com internet ou simplesmente usufruíam dela. Pronto! Eu me senti em casa. Era um caminho sem volta.

Campus **Party**

A Campus Party é um dos maiores eventos de tecnologia do mundo. Reúne uma galera dentro de um pavilhão para, durante uma semana, acampar e participar de palestras e cursos.

Já vou aproveitar a oportunidade e dar uma dica para você: algumas coisas são divertidas de fazer, mas apenas uma vez. Não me senti bem acampando lá. Era uma situação desconfortável, o pessoal não dormia, os banheiros eram sujos e não tinha infraestrutura de ventilação. Para completar o desconforto, eu e o meu namorado fomos juntos e estávamos brigando mais que o normal. Qualquer coisinha era motivo para uma discussão cheia de agressividade da parte dele.

Embora estivéssemos nos desentendendo muito, quisemos aproveitar o evento ao máximo. Foi na Campus Party que criamos o meu blog, taedai.com.br, sem pretensão ou planejamento. Incrível como todo o meu trabalho em internet começou meio sem querer.

A parte boa do evento foi ter conhecido toda a galera com quem eu conversava. Comecei a notar que poderia ter amigos sem depender do meu namorado ou da escola. A Campus Party estava, aos poucos, me dando mais certeza das decisões que eu devia tomar.

Assisti a uma palestra motivacional sobre empreendedorismo com o povo do blog Jovem Nerd. Eles falaram sobre a zona de conforto e sobre como era importante lutar pelo que se acredita, mesmo que os outros não acreditem. Achei aquilo lindo. Cada palavra que eles falavam eu pensava “Isso!! É isso mesmo! Isso que eu tenho que fazer!!”. Falaram muito que não devíamos desistir diante das dificuldades e que, mesmo que caíssemos, precisávamos levantar para continuar.

— Alguém aí quer subir no palco e contar uma história de superação e empreendedorismo?

Levantei a mão. Eu queria contar sobre as escolas que lutamos tanto para abrir, mas aí um braço foi me buscar lá em cima.

— Baixa essa mão, Ana! Que vergonha, porra!

Dou uma jujuba se você adivinhar quem fez isso.

Baixei a mão super-rápido e fiquei torcendo para que ninguém tivesse visto, mas eles notaram e pediram para eu subir no palco. Fui, mesmo morrendo de vergonha. Lá de cima, vi meu namorado indo embora da palestra.

No momento em que peguei o microfone e vi aquele monte de gente na minha frente, a timidez sumiu. Contei minha história, recebi aplausos e me senti bem demais. Quanto mais o tempo passava, mais certeza eu tinha. Era isso que eu queria fazer: inspirar pessoas.

Alguns malucos me disseram que era possível, sim, fazer da internet uma profissão.

Em outro dia de evento, enquanto eu usava o computador para editar um dos vídeos que estava fazendo por lá, ouvi uma voz muito familiar, uma voz que aqueceu meu coração durante boa parte da minha vida.

"Não acredito. Será que é ele?"

Entrei no Google: Guilherme Briggs dublador Twitter

Encontrei o perfil dele e vi um tweet escrito três minutos antes. Ele estava lá!!! Eu precisava conhecê-lo e colocar um rosto em uma das vozes mais importantes da minha vida!

Sei que agora você deve estar pensando: "Nossa, Ana... que exagero... ele é só um dublador, grande coisa...".

Antes de tudo, dublador nunca vai ser SÓ algo. Eles têm um trabalho lindo e emocionante. Já tive preconceito contra filme dublado, mas foi depois de uma tarde que passei assistindo faroeste com o meu avô que entendi a importância do trabalho desses caras. Eles aproximam o cinema de todo mundo, dão acesso à arte para pessoas que não entendem outras línguas e não têm condições de ler legendas.

Bom, agora vou te explicar por que me emocionei tanto. Lembra que eu contei que praticamente criei a minha irmã por um tempo? Pois então. Eu tinha 12 anos quando meus pais se separaram e ela tinha seis. Como você acha que uma criança cuida de outra? Bora assistir desenho, não é?

Uma das lembranças mais fortes que tenho é de nós duas abraçadas na cama assistindo desenhos animados, muitos deles com as dublagens do Guilherme Briggs: *Toy Story, Castores pirados, Freakazoid, Padrinhos mágicos, A nova onda do imperador.*

Por isso a voz dele traz carinho tanto para mim quanto para ela. O Briggs não sabe, mas cuidou da gente por muito tempo. Até hoje, quando estamos tristes ou precisando de um momento de felicidade, nos reunimos pra assistir desenhos.

Quando o vi pessoalmente, foi uma emoção muito maior do que eu podia imaginar. Mesmo sendo o Guilherme Briggs, sem nenhum personagem ou texto pronto, ele continuava com a mesma doçura e carinho na voz.

Eu estava triste por sofrer tanto na mão do meu namorado, estava frustrada por não ter coragem de buscar minha carreira de artista, e naquele momento, ao ouvir sua voz, tudo foi embora. Eu precisava dizer isso a ele, queria que ele soubesse o quanto era importante para mim.

Assim que abriram espaço para perguntas, peguei o microfone para falar com ele. Ao olhar nos seus olhos e começar a falar, minha garganta fechou e eu comecei a chorar. Só consegui agradecer a presença dele no evento e dizer que valeu muito tê-lo conhecido. Nos demos um grande abraço e eu não consegui dizer mais nada, mas tenho certeza de que ele entendeu tudo.

— Tá aí. Meus 20 anos de carreira foram pagos aqui, por você.

O contato direto com um ídolo que me recebeu de forma tão carinhosa foi um dos momentos mais felizes e emocionantes da minha vida.

Nós vamos falar mais sobre isso depois. Não me deixe esquecer, ok? Tem alguém que você gostaria de conhecer? Quer me contar?

Agora é com você

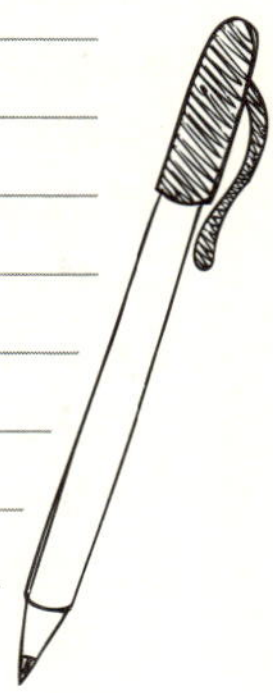

Fim de **namoro**

Depois da Campus Party, eu e meu namorado tivemos certeza de que não nos gostávamos mais. Estávamos juntos por puro comodismo e convenção. Não nos beijávamos, não havia carinho e obviamente não havia sexo. Nós apenas dormíamos na mesma cama, e o nosso relacionamento se resumia a brigas.

Em abril, fui convidada para palestrar em um evento em Fortaleza chamado Desencontro. Seria o primeiro evento a que eu iria como palestrante. Foi uma forma de perceber como a minha vida poderia ser se eu assumisse o trabalho na internet como carreira e não mais como hobby.

O evento foi o máximo. Fiz muitos amigos, me diverti demais e conheci o cara que se tornaria o grande incentivador da minha mudança de vida. Ele era de São Paulo e também foi até lá para palestrar. Era lindo e sorridente. Quando vi aquele cara, fiquei impressionada com a sua presença e bom humor.

Qual foi a primeira coisa que pensei? “Com esse monte de mulher gostosa aqui no evento, ele nunca vai olhar pra mim.” Confiança boa, hein?

Mas ele olhou e olhou muito bem. Veio conversar comigo, foi carinhoso e sedutor. Ah, como eu queria ficar com ele!

“Eu não posso, tenho namorado.”

“Eu não posso, tem esse cara.”

“Eu quero, mas não posso.”

“Eu quero, mas...”

“Eu quero.”

Voltei para Porto Alegre apaixonada. Queria vê-lo de novo, ficar com ele e tudo mais a que tinha direito. Cheguei em casa feliz, com vontade de viver. A internet, em menos de um ano, já tinha me dado muito mais alegrias do que eu poderia imaginar. Agora eu tinha uma nova perspectiva, sabia o que queria e realmente estava decidida a mudar.

Nós trocávamos mensagens todos os dias. Ele passou a me ajudar com o blog e me ensinou a usar a internet para trabalhar. Se preocupava comigo e queria me ver feliz. Fazia muito tempo que não cuidavam de mim dessa forma.

"Você é linda!"

"Você é inteligente!"

"Você é muito engraçada e criativa!"

"Você tem muito talento!"

Seria possível alguém me tratar assim? E ainda por cima um cara tão especial como ele, que tinha um monte de mulheres dando em cima o tempo todo?

Eu sabia que íamos nos ver depois de um mês, em outro evento que aconteceria em São Paulo, e estava decidida a terminar o namoro.

Meu namorado começou, então, a brigar muito com a minha irmã e a ser mal-educado com a minha mãe. Para mim, foi a gota d'água.

Antes de terminar, mandei uma carta para os Mestres contando que tinha chegado ao meu limite e que não aguentava mais segurar uma relação ruim somente pelo bem da escola. Dessa vez eu teria que pensar em mim.

Pedi que o segundo Mestre mais graduado do mundo, aquele mesmo que me levou para a Europa, convidasse meu namorado para o mesmo projeto, assim ele ficaria três meses fora e teria a mesma experiência renovadora que eu tive. Eu não desejava mal a ele; só queria que fosse feliz, e sei o quanto aquela viagem contribuiu para a minha felicidade.

Preparei o terreno para que o término fosse o mais tranquilo possível. Afinal, era uma relação de quase sete anos. Mas decidi que só terminaria depois de voltar do evento.

Fui para São Paulo, onde palestrei mais uma vez. Passei dias maravilhosos ao lado do negão (era assim que eu o chamava), fiquei cada vez mais apaixonada e sabia que ele estava gostando de mim também. No sábado, ele foi se despedir de mim no aeroporto e eu mostrei as mensagens que tinha trocado com o meu namorado.

"Você vai me buscar no aeroporto?"

"Não. Se veste de vagabunda e dá o cu pra conseguir dinheiro pra voltar."

O negão olhou para aquilo apavorado e me abraçou muito forte.

— Não vai. Fica aqui comigo.

Eu só conseguia chorar e dizer que ia resolver tudo.

Ao chegar a Porto Alegre, meus alunos foram me buscar e nós fomos direto para o jantar de aniversário de uma aluna em uma pizzaria. Meu namorado estava sentado a umas 20 pessoas de distância e nem olhou para mim. Comemos, cantamos parabéns e, no fim da noite, ele pagou somente a conta dele. Nós tínhamos conta conjunta, pois recebíamos da mesma fonte, então ele sempre pagava.

— Você não vai pagar a minha?

— Não. Pede para os teus amiguinhos da internet.

Nem olhou para mim no trajeto para casa; não trocamos uma palavra dentro do carro. O meu objetivo era terminar no dia seguinte, em um ambiente bonito e neutro, mas, depois do que aconteceu, eu não ia aguentar dormir do lado dele. Assim que chegamos, eu o chamei para conversar. Fiz um grande discurso falando que nossos mundos seguiram caminhos diferentes e que nós devíamos aproveitar as oportunidades para crescer e evoluir. Falei por um tempão até chegar ao ponto de terminar o namoro. A resposta dele foi:

— Ok. Vou tomar banho.

Levantou e saiu.

Eu fiquei tipo "O QUÊ??!!? QUASE SETE ANOS DE NAMORO E A RESPOSTA É OK?!". Bom, ele parecia estar bem e eu estava aliviada. Demorei, mas criei coragem! Enquanto ele tomava banho, arrumei uma cama no quarto da minha irmã.

Depois do banho, ele me chamou chorando no quarto, dizendo que eu era a mulher da vida dele e que achou que fosse somente uma briga. Minha resposta:

— Tudo o que você está chorando agora eu já chorei por anos. Desculpa, eu realmente não consigo mais.

Eu e o negão acabamos ficando algumas vezes em outros eventos, mas sempre sem estabelecer compromisso, até um ponto em que não deu mais para aguentar. Nós queríamos ficar juntos, e um de nós teria que se mudar. Ele não podia deixar o trabalho dele em São Paulo e eu não tinha coragem de largar a escola e a família.

Terminamos o namoro, mas o amor continuava lá. Mantínhamos contato o tempo todo e sabíamos que queríamos ficar juntos, então marcamos de conversar em outro evento. Juntei todo o dinheiro que tinha e fui para São Paulo mais uma vez. Eu ficava cada vez mais feliz quando viajava para aquela cidade e cada vez mais triste quando ia embora.

Dessa vez fui com uma amiga e estava louca para vê-lo, mas a alegria acabou assim que descobri que ele estava ficando com uma menina no evento. Sofri, chorei, quis ir embora. Eu fui para lá por causa do cara e ele estava ficando com outra? Onde eu vou dormir? O que vou fazer?

— Bem, agora você está aqui. O mínimo que pode fazer é se divertir.

Foi o que a minha amiga aconselhou, e foi o que eu fiz. Vivi naqueles três dias muito mais do que já tinha vivido em anos. Fui a todas as festas que podia e às que não podia também. Foi lá que eu beijei uma menina pela primeira vez, coisa que sempre tive curiosidade, mas nunca nem arrisquei, porque todo mundo dizia que era errado.

Foi libertador ter finalmente feito algo que despertava minha curiosidade e percebido que não havia nada demais na história toda. O certo ou errado está na cabeça das pessoas.

Pela primeira vez em anos eu estava me sentindo viva. Feliz por umas coisas, infeliz por outras, mas viva! Sentindo o que acontecia comigo como se tudo fosse uma nova aventura.

A conversa **decisiva**

Nesse evento tive a oportunidade de conhecer alguém chamado Alexandre Inagaki. Blogueiro e jornalista, o Ina é um formador de opinião megainfluente no mundo das mídias sociais. Daqueles caras que você ouve e sabe que vai aplicar o que falam. Durante o evento nós tivemos uma breve, porém muito significativa, conversa sobre o meu trabalho.

Eu me senti entrevistada para uma vaga de emprego, pois ele fazia perguntas muito pontuais sobre as línguas que eu falava, se eu gostava de escrever ou se acreditava no meu potencial criativo.

— E por que você ainda mora em Porto Alegre?

— Eu tenho minha família e minha escola lá.

— Como vai o trabalho com a escola?

— Ah, meio difícil depois que eu me separei. Os alunos do meu ex não me aceitam muito bem.

Depois do término, comecei a sofrer muito na escola, pois os alunos mais graduados do meu ex me tratavam mal e faziam de tudo para provar que eu não era ninguém e que não tinha mais direito a nada. Passei a me sentir uma estranha na minha própria escola.

— Se está difícil, por que você continua lá?

— Ah, porque é uma segurança. Investi muito tempo e trabalho naquele lugar. E tem a minha irmã e a minha mãe também...

— O que tem elas?

— Elas dependem muito de mim. Eu sou uma espécie de segurança para as duas.

— Você acha que as duas vão morrer se você for embora?

— Não, mas...

— Você não acha que vale a pena correr atrás de um sonho?

— Acho, mas...

— Acho que você tem que acreditar mais no seu potencial e talento. Eu conheço muito de internet e você tem um diferencial. Tem que investir nisso.

Conversamos por mais um tempo e naquele mesmo dia fui chamada para um trabalho grande que me deixou feliz e confiante. Essa conversa me fez ter certeza de que eu devia deixar o passado para trás e me mudar para São Paulo.

Eu não te **quero longe**

Em uma das festas daquele evento em São Paulo, resolvi cometer o primeiro grande erro da minha vida. Sim, eu sabia que era um erro, mas queria fazer mesmo assim. Eu era uma menina apaixonada, tinha viajado para ver o negão e não me importava se ele estava com alguém ou não. Eu não iria embora sem beijá-lo ao menos uma vez.

Estávamos esperando na fila do banheiro, eu e minha amiga, ele passou por nós e eu o empurrei porta adentro.

PREPARE-SE PARA A CENA MAIS ROMÂNTICA DO LIVRO.

Enquanto minha amiga fazia xixi, eu disse o quanto o amava, que sentia falta dele e que não iria embora sem um beijo. Demos AQUELE beijo, saímos do banheiro e ficou por isso.

Mal sabia eu, que no dia seguinte, um boato seria espalhado por um grupinho de meninas que me odiava. Todo mundo estava dizendo que eu era uma vagabunda que tinha feito sexo oral num cara comprometido no banheiro da balada. O boato foi tão longe que "boquete" ficou em primeiro lugar nos trending topics do Twitter.

Eu sabia que não tinha feito nada, mesmo assim a reação das pessoas e a fama de "vagabunda" me derrubaram de uma forma terrível. Eu só conseguia pensar em desistir da internet e em voltar para a minha vida normal.

"Poxa, justo agora que eu estava planejando me mudar para cá?!"

Sim, depois da conversa com o Inagaki eu já tinha decidido me mudar para São Paulo. Afinal, as grandes agências de publicidade e o centro nervoso das mídias sociais estavam lá, mas depois do boato eu já não sabia se valia a pena.

Só que dessa vez eu estava diferente. Algo dentro de mim dizia "não desista por nada", então decidi continuar com o meu projeto de mudança de vida. Eu sabia que, além da grande loucura de amor, não havia feito nada de errado, e ninguém iria me fazer desistir dos meus sonhos.

Eu e o negão decidimos tomar um café numa tarde dessas de chuva e frio para acertar as coisas. Depois de conversar sobre amenidades, entramos no assunto "nós", que seguiu mais ou menos assim:

— Ana, eu te amo, mas eu não te quero hoje.

— Como assim, negão?! Não me quer hoje? Vai se ferrar!

Megairritada, comecei a arrumar minhas coisas e limpar as lágrimas do rosto. Eu queria sair dali o mais rápido possível.

— Ana, calma!

— Que calma, o quê! Me leva embora! Não te quero hoje... Quem ama não fala isso.

Então ele segurou o meu rosto e trouxe para perto do dele.

— Você não entendeu. Eu disse que não te quero looooooonge.

— Mas...

— Eu não te quero longe, não aguento a distância e a saudade.

— Você notou que está tocando "Chega de saudade" aqui no café?

Ele não tinha notado.

— Acho que isso é um sinal, porque eu decidi que vou mudar pra São Paulo em novembro.

— Mesmo?

— Sim.

Demos um longo e apaixonado beijo. Nos despedimos no metrô, sabendo que tínhamos o futuro todo pela frente.

Agora era só arrumar as malas e mudar minha vida de vez.

Agora você **vem comigo**

Quanta história eu já contei, né? Espero que você não esteja cansado, pois finalmente chegamos ao ponto aonde eu queria. Vamos mudar de vida. Sim, eu e você! A partir de agora nós vamos andar juntos por esse caminho de mudança. Vou contar os passos que dei e gostaria que você planejasse os seus. Não precisa ser necessariamente para mudar toda a sua vida como eu fiz. Pode ser para algum objetivo que você queira conquistar.

Chegou o momento de ver aonde os meus pés vão me levar.

Quando decidi me mudar para São Paulo, eu queria:

- deixar de ser chefe e saber como era ser empregada; conhecer o mundo corporativo
- deixar de ser Mestre e passar a ser aluna; focar em aprender mais do que ensinar
- mudar para uma cidade maior e sobreviver nela; criar coragem para andar de metrô
- morar longe dos parentes; deixar todos os meus problemas com eles para trás
- namorar outro cara; ficar com alguém que me valorizasse
- investir na carreira de internet, me sustentar com arte, vídeos e blog
- ter experiências; viver o que deixei de viver nos anos anteriores
- emagrecer com o objetivo de ser saudável

Você notou que emagrecer estava no fim da lista? Entendeu por que eu fiz tanta questão de contar toda a minha história até este ponto em vez de dar dicas de dietas ou exercícios? O peso que ganhei não era algo superficial nem apenas “quilos a mais na balança”. Era um acúmulo de problemas, frustrações e falta de autoestima que se concentraram na forma de gordura. Normalmente, quando as pessoas ganham muito peso, isso acontece por vários motivos e não só porque elas comem demais.

Para que eu conseguisse perder o peso que me incomodava e atingir meus objetivos, eu tinha primeiro que lutar contra todos esses problemas e descobrir minha força interior. Precisava descobrir o meu valor como ser humano, como mulher e como artista.

Eu necessitava encontrar aquela força que não me deixaria desistir diante de nenhum obstáculo e que me faria seguir em frente sempre.

Eu precisava encontrar minha guerreira interior, disposta a buscar a felicidade.

Durante esse processo de mudança de vida, aprendi o que era força de vontade e passei a lutar por mim. Eu não buscava a aprovação da minha família ou de um namorado opressor, não fazia mais nada para eles. Queria conquistar meus objetivos para que *eu* ficasse feliz.

Sei que você deve estar pensando agora: “Nossa, que errado, Ana! Você está sendo muito egoísta”. Mas eu posso garantir que nesse momento nós precisamos ser egoístas e buscar a nossa felicidade primeiro. Se você não está bem, não consegue fazer o bem.

Seja sua própria motivação.

Tá. Já contei os objetivos que eu tinha. E os seus? Quais são?

Agora é com você

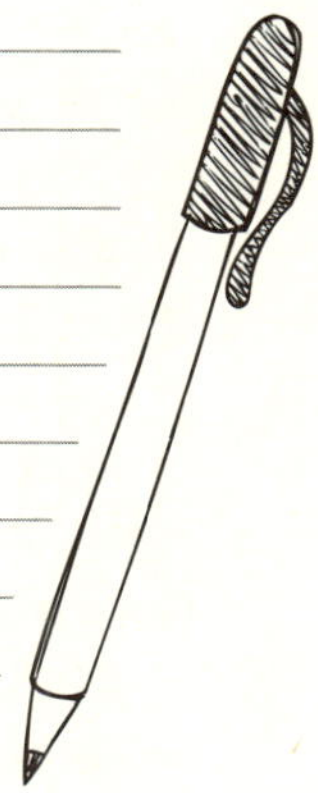

Beleza. Agora que estamos com os nossos objetivos traçados, vamos à primeira grande lição que a Tia NaMaria vai ensinar:

Perdoe.

Isso **mesmo**

Perdoe todos os que lhe fizeram mal e tudo de ruim que aconteceu com você até agora. Sei que é difícil. Acredite, eu sei muito bem, mas guardar rancor é como engolir uma bomba-relógio que, em algum momento, vai explodir.

O perdão é uma das atitudes mais lindas e libertadoras do ser humano.

Então, perdoe.

Quando decidi recomeçar minha vida, resolvi também me libertar de todos os sentimentos ruins que guardava em relação ao meu pai, parentes, ex-colegas e ex-namorado.

Comecei a vê-los com bons olhos e carinho no coração, passei a desejar apenas felicidade para as suas vidas, e isso me fez muito bem. O perdão foi genuíno e sincero, pois eu desejo somente alegria na vida dessas pessoas e passei a ser alguém cheio de amor.

Muitas vezes nós temos aquela vontade de mudar para causar algum mal, espanto ou até mesmo para provar algo para os outros. Duvido que você nunca tenha pensado o famoso "agora eles vão ver!".

Olha só, eu sei que parece bom, mas isso não leva a nada, tá? Deseje o bem para as outras pessoas e faça as coisas somente por você.

Tudo na nossa vida acontece por um motivo, e hoje você é quem é graças ao seu passado. Entenda que ele foi um aprendizado, e agora use todas as lições aprendidas para seguir em frente.

São Paulo, **mano!**

Finalmente tomei a decisão. Ia mudar a minha vida por completo e estava pronta para todos os desafios que pudessem surgir. Minha mãe me apoiou desde o começo, pois sabia que era melhor para mim e que eu estaria bem acompanhada.

Passei minhas turmas para outros Mestres e me despedi dos meus alunos com uma grande aula especial. Para dizer adeus às minhas amigas, marquei um café num dos shoppings da cidade.

— Estou indo embora, meninas! Preciso mudar minha vida de vez.

— Mas você já tem trabalho lá?

— Nope. Vou tentar minha carreira na internet e mídias sociais.

— Internet?! Você é louca? E lugar pra ficar?

— Vou ficar em uma pensão que encontrei, mas antes vou ficar uns dias com o meu namorado.

— Não vai morar com ele?

— Nem a pau. Não vou sair de um casamento pra entrar em outro, né?

Elas ficaram espantadas, mas aceitaram bem a ideia até então. A aceitação mudou um pouco quando contei do meu plano para emagrecer.

— Ah, vou usar esse tempo lá pra perder peso. Estou cansada de ser gorda.

— HAHAHAHAHAHAHAHA! Fala sério, Ana!

— Estou falando! Dessa vez eu vou conseguir!

— Você tem noção de quantas vezes nós já ouvimos você falar que vai emagrecer?

— Bom, dessa vez é verdade.

— Se você acha que consegue, nós apoiamos, então.

Nós nos despedimos e saímos do café dando muita risada. Elas diziam que eu ficaria famosa e iriam dar depoimentos sobre mim para o "Arquivo confidencial" do Faustão. Eu entrei na brincadeira e disse que elas mal podiam esperar por isso.

Só que não era brincadeira. Dessa vez havia algo dentro de mim que era mais forte que tudo, uma força de vontade absurda que me fazia crer que todas essas mudanças eram possíveis. Eu finalmente ia lutar por mim e por algo em que acreditava.

Simplesmente fui.

Cheguei a São Paulo com 500 reais no bolso. Na mala, apenas o uniforme de Pa-Kua, algumas mudas de roupa, um jogo de lençóis e toalhas e um edredom. Era isso. Nem travesseiro levei, porque não tinha espaço.

Durante aquele mês usei meu uniforme de Pa-Kua enrolado em uma toalha como travesseiro. Fiz questão de levá-lo na mudança porque o Pa-Kua significava muito para mim e eu jamais queria me afastar do conhecimento.

Graças a uma fã linda e querida que fez toda a pesquisa, encontrei uma pequena pensão na Vila Mariana que custava 500 reais por mês. Dessa forma, eu tinha certeza de que ficaria um mês lá.

A Mônica enviava para o meu e-mail opções de apartamentos e suas localizações para que eu não precisasse perder tempo procurando um lugar para ficar. Até visitar os lugares ela foi, fez vídeos e fotos para me ajudar. Meu único objetivo seria encontrar um emprego. Obrigada, Mônica!

Lá na pensão havia 14 quartos, e um deles era dos donos. Eu dividia a casa com mais 13 mulheres.

Obviamente, eu não me mudei para uma mansão espaçosa e cheia de conforto. Eu dormia num lugar que chamava carinhosamente de "qua", porque não era grande o suficiente para ser um quarto; mais tarde, meus amigos o apelidaram de "cativeiro".

Era um quartinho improvisado com divisórias de gesso no corredor da casa, por isso não tinha janela. Dentro dele cabiam apenas um armário, uma cama menor que a de solteiro e uma prateleira para usar o computador. Cada vez que eu ia me vestir, tinha que subir na cama, pois não havia espaço para transitar. Pensando bem, tinha cara de cativeiro mesmo.

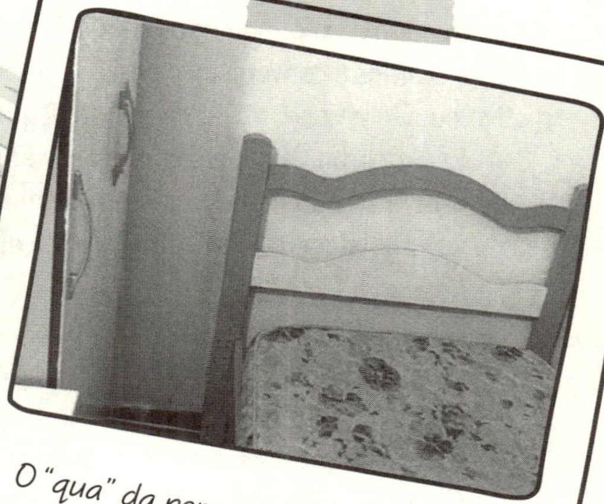

O "qua" da pensão na Vila Mariana.

Todas as manhãs eu acordava e ia até a rua para saber como estava o tempo e poder decidir o que vestir. Pela falta de ventilação, meu quarto era sempre muito abafado, então eu não tinha noção da temperatura externa.

À noite, como eu era a última a chegar, tinha de enfrentar um banheiro sujo, todo molhado e cheio de cabelos no ralo.

Eu era a... NOSSA!!! ESPERA!!! NÃO CONTEI PRA VOCÊ QUE EU CONSEGUI UM EMPREGO?! Calma, tudo pode ser reparado. Vou contar.

Depois de três dias em São Paulo, ainda na casa do meu namorado (que agora já é o negão; eu sei que você está acompanhando bem a história), eu trocava algumas mensagens com um cara que conheci em uma palestra em Florianópolis. Ele era dono de uma agência e me convidou para passar lá um dia.

O negão foi comigo, conhecemos o lugar e conversamos um pouco. Depois de uns minutos, ele pediu que eu falasse com um colega dele enquanto ele batia um papo com o meu namorado.

Começamos a conversar e o cara, bem sério, fez diversas perguntas cujo motivo eu não entendi muito bem. Tentei quebrar o gelo:

— Esta poltrona é superconfortável, né? Adorei!

Eu estava jogada na poltrona enquanto falávamos. Achei que estivesse só conhecendo alguém, sem compromisso ou pressão.

— Você tem faculdade?

— Olha... Fiz dois semestres de Música. Conta?

— Já fez algum curso profissionalizante de mídias sociais ou publicidade?

— Nunca. Só fiz um curso de design gráfico.

— E como é que você quer trabalhar com isso em São Paulo?

— Cara, eu não me considero uma guria burra, né? Aliás, sei que sou bem inteligente e criativa. Sempre li muito, sei que escrevo bem e desde que comecei a trabalhar com internet passei a estudar muito sobre mídias sociais e comunicação. Tudo o que conquistei foi na base da tentativa e erro; aprendi muito com essas experiências. Aprendi tanto que palestrei no mesmo palco que o teu sócio e tal.

Eu respondia tudo com o meu jeito meigo de ser. Não sei se já contei aqui, mas sou tão delicada quanto uma britadeira. Continuamos conversando muito sobre internet, publicidade e São Paulo, até que ele disse:

— Então. Eu sinto muito, nós não temos vaga pra você agora. Assim que abrir algo eu aviso, ok?

— Ahn?! Como assim? Isso foi uma entrevista de emprego?! HAHAHAHA, eu nem sabia! Valeu. Sem problemas.

Saí da sala rindo. Eu jurava que aquilo era uma conversa informal sobre o mercado de mídias sociais, não uma entrevista.

Claro que bateu aquela tristeza quando entramos no carro para ir embora. Eu tinha perdido a oportunidade de conseguir um emprego em São Paulo.

O celular tocou. Era o dono da agência.

— Ana?

— Oi!

— Me diz: pra onde você está indo agora?

— Estamos voltando pra casa.

— Eu acho que vocês deviam dar meia-volta e ir pra algum bar.

— Bar?! Por quê?

— Pra comemorar, ué!

— Comemorar o quê?

— O seu emprego em São Paulo! A vaga é sua! Parabéns! Te vejo segunda!

Desliguei o celular ainda sem acreditar. As lágrimas começaram a correr livres pelo meu rosto, desviando apenas do meu sorriso, que era gigante. Meu namorado não conseguiu entender minha reação:

— O que foi? Conta!

— Consegui um emprego.

— Sério?! Já?!

— Sim!!!

— AEEEEEE!!! DEPOIS DE TRÊS DIAS EM SÃO PAULO!!

Ele começou a buzinar e nós fizemos uma superfesta dentro do carro. Quando consegui o emprego, tive a certeza de que tinha tomado a decisão certa ao largar tudo em Porto Alegre e recomeçar.

Começar a trabalhar numa agência, ter que cumprir horários e receber ordens era muito diferente para mim. Achei muito bom poder conhecer esse lado da vida, que eu não sabia como era. Claro que, com o tempo, fui descobrir que não era nada fácil acordar cedo e enfrentar um ônibus lotado para chegar ao trabalho. Era estressante, mas eu mantinha o foco. Sabia que tinha um propósito maior.

Chegava sempre muito tarde e cansada na pensão. O trabalho em agência de publicidade tem horário para começar, mas nunca para terminar.

Meu fim de dia se resumia àquele banheiro sujo e a dormir sozinha no "qua" abafado. Eu me sentia triste e exausta. Passei a chorar todas as noites.

"O que estou fazendo?!"

"Por que estou longe da minha mãe?"

"Isso vale a pena?"

"Devo voltar?"

"Estou com fome!"

Essas eram algumas das coisas que passavam pela minha cabeça enquanto eu tentava dormir. Parecia tudo tão difícil... Eu não sabia se ia aguentar.

Comecei meu projeto de emagrecimento junto com o primeiro dia de trabalho, por isso a fome era algo que me incomodava muito.

No exame admissional, meu peso apontou 114,7 quilos. Então, mesmo sem o apoio de uma nutricionista (afinal, eu não tinha dinheiro para pagar), comecei a dieta fazendo o básico: cortei frituras, doces, refrigerantes e bebidas alcoólicas.

Ao mesmo tempo em que trabalhava na agência e vivia naquele lugar horrível (mas ao mesmo tempo maravilhoso, porque era o que eu podia pagar), eu brigava bastante com o meu namorado. Eu sentia muito ciúme dele e ele de mim, nós nos gostávamos, mas acho que não confiávamos um no outro. Algo no meu coração me dizia para ficar de olho numa amiga ruiva que eu tinha.

O que mais me deixava aflita era saber que estava estressada e ansiosa, mas não poderia descontar tudo isso numa barra de chocolate. Agora era a hora de começar a lidar realmente com as minhas emoções.

Quer saber a parte contraditória? Ao mesmo tempo em que estava triste com todas as coisas que aconteciam, eu ficava feliz, por saber que algo estava acontecendo e que era uma fase importante. Eu me sentia viva novamente.

Você viu que legal? É muito bom encarar as situações de sofrimento com a mesma importância que as de felicidade. Assim como os problemas vêm, eles vão. Não se preocupe: quando temos um objetivo traçado, nada pode nos parar.

Casa **nova**

Depois de um mês morando na pensão, tive a oportunidade de mudar de casa e ir para o lugar que se tornou o meu grande lar em São Paulo. Neste capítulo vou contar como a vida é linda e sempre dá um jeito de nos ajudar. A história é meio complicada de acompanhar, mas segura aqui na minha mão que vai dar certo!

A recepcionista da agência onde eu trabalhava também era gaúcha, e essa coincidência provocou uma amizade praticamente instantânea entre nós. Ela também havia se mudado para São Paulo havia pouco, então nós compartilhávamos todas as nossas angústias e conquistas.

Um dia, em uma conversa no horário de almoço, comentei que não aguentava mais a pensão e que precisava encontrar algum lugar barato para morar. Ela me disse que passava por um dilema parecido.

— Sabe o cara do financeiro?

— Sei.

— Parece que ele vai casar na semana que vem e a noiva dele precisa encontrar alguém para substituí-la na casa onde mora.

— Opa! Mas tem lugar pra nós duas?

— A menina que mora lá estaria disposta a dividir o apartamento com mais duas, só que nós precisaríamos dormir no mesmo quarto. Tem problema?

Para quem já dormiu por um mês num vestiário masculino na Europa, qualquer coisa seria melhor que aquela pensão. Não pensei duas vezes.

— Não! Claro que não!

— Vou visitar o apartamento com ele hoje. Quer ir comigo?

— Claro!!

Ele tinha a chave e avisou:

— A Marina, a roommate da minha noiva, vai chegar daqui a pouco, mas disse que já podemos ir olhando o apê.

Entramos em um bairro chamado Vila Olímpia, que ficava superperto do meu trabalho e era lindo! Cheio de árvores e prédios gigantes.

Chegamos ao apartamento e parece que ouvi anjos cantando quando abrimos a porta. Era todo iluminado, tinha uma sala grande, uma cozinha linda, parecia uma casa de boneca.

Notei as redes de segurança nas janelas e perguntei se havia gatos lá.

— Sim, três. O Bartô, a Amelie e a Sophia, mas esta última vai embora com a minha noiva. Você tem alergia?

— Não, não! Eu amo gatos! Tenho um gato lindo chamado Al Capone, mas ele ficou em Porto Alegre porque eu não tinha condições de trazê-lo.

Adorei. Eu sou a louca dos gatos, amo os bichinhos, e saber que a Marina tinha gatos foi um ponto completamente a favor dela.

— Ai, eu não sou muito uma pessoa de gatos – minha amiga gaúcha comentou.

Ouvimos o barulho da porta e a Marina chegou com um sorrisão no rosto. Estava toda suada e com roupa de ginástica.

— Desculpa a demora, gente! Eu estava na academia. Oi, tudo bem? Sou a Marina.

Nós nos cumprimentamos e eu já gostei dela de cara. Pelas fotos do Facebook ela me passou a impressão de ser meio esnobe, mas, contrariando todo o meu preconceito, mostrou ser muito simpática e atenciosa.

— E aí? Vocês já viram o quarto?

— Ainda não. Estávamos esperando você.

O quarto era superajeitadinho, com um coração espelhado pendurado na lâmpada, armários sob medida e uma cama de casal. Acho que ele era quase seis vezes o tamanho do meu "qua".

— Bem, essa cama pode ir embora e vocês podem colocar um beliche aqui, se quiserem.

Eu não queria botar beliche nenhum.

Queria morar lá, mas queria aquele quarto todo para mim.

— E aí? O que acharam?

— Lindo! Quanto seria?

— Somando aluguel, condomínio e contas, ficaria em torno de 800 reais para cada uma.

Eu sinceramente nem prestei atenção no que a Marina disse. Só conseguia pensar que queria morar sozinha naquele quarto. Não queria dividi-lo.

— Putz... Pra mim fica pesado. Acho que não vou poder alugar – minha amiga respondeu.

Nessa hora parece que voltei para o mundo e tomei um susto.

— Espera! Vamos fazer as contas de novo. Quanto ficaria só pra mim? Tipo... se eu quisesse morar sozinha no quarto e tal.

— Em torno de 1.600. Às vezes menos, de acordo com o uso do gás, luz e telefone.

Acho que pensei mil coisas ao mesmo tempo. Eu queria muito morar lá, mas sabia que, com o meu salário, sobrariam apenas 100 reais para as outras despesas.

— Posso responder amanhã?

Quando se trata de investimento ou compras, deixo sempre para responder no dia seguinte, por mais tentadora que seja a oferta.

O cara do financeiro me deixou no ponto de ônibus para poder voltar para a pensão, e de lá mesmo liguei para o meu namorado.

— Amor!! Achei um lugar lindo pra morar! É pra dividir com uma menina supersimpática e ligada em vida saudável. Acho que me mudo logo!

— Jura? Que legal! É muito caro?

— Um pouquinho, mas acho que consigo pagar.

— Um pouquinho quanto?

— Mil e quatrocentos por mês.

Foi uma mentirinha inocente para não assustá-lo, pois ele sabia quanto eu ganhava.

— Mas, meu amor! Vai sobrar pouquíssimo dinheiro. Vale a pena?

— Não pretendo ganhar isso pra sempre, né, negão?

— Bom, você que sabe.

Eu tinha certeza de que era um movimento arriscado, mas me lembro de ter ouvido uma frase de um Mestre uma vez que dizia assim: "Você ganha o valor das suas contas". É quase uma variação do "Para ganhar dinheiro, você precisa gastar dinheiro".

Se eu ficasse morando na pensão, ia pensar que o meu salário era mais do que suficiente para viver em uma cidade grande e nunca teria a ambição de conquistar mais. Eu estaria presa novamente na zona de conforto, e isso era uma coisa que eu não queria.

Em São Paulo, a maior reclamação das pessoas é a falta de qualidade de vida em função do estresse do trânsito e do transporte público. Morando na Vila Olímpia, eu estaria a 15 minutos do trabalho. Investindo na minha casa e tendo essa qualidade, seria mais fácil buscar meus outros objetivos.

Por isso decidi me mudar para a casa da Marina, mesmo tendo certeza de que passaria dificuldades nos primeiros meses. Foi um salto para um grande desafio; eu sabia que precisaria transformar o meu trabalho com a internet em algo lucrativo para ter uma segunda fonte de renda.

Aí, você me pergunta: "Ai, Ana! Por que você não pediu ajuda para a sua mãe?". A resposta é bem simples: eu queria sobreviver e conquistar minhas coisas sozinha. Queria saber que era capaz de vencer por mim mesma.

E foi assim, dessa forma maluca, que deixei a pensão para trás e passei a morar com uma menina que mais tarde se tornaria uma das pessoas mais importantes da minha vida.

Projeto **Ana Gostosa**

Apesar de algumas dificuldades, as coisas estavam andando como eu havia planejado, e isso me deixava feliz. Eu estava em um emprego diferente, trabalhando com mídias sociais, cumprindo horários e tendo um chefe. Ganhava meu próprio dinheiro e conseguia pagar as contas. Namorava um cara que, embora fosse ciumento, me valorizava e gostava de mim.

Meu projeto de emagrecimento ia bem. Eu não sabia exatamente quanto, mas tinha certeza que estava perdendo peso, pois minhas roupas começaram a ficar mais largas.

Até então a minha batalha para perder peso não era pública. Eu estava me esforçando muito, mas não tinha confiança suficiente para assumir esse compromisso com a galera que me seguia. Eu já tinha visto tantos blogueiros iniciando projetos de emagrecimento sem sucesso que fiquei com medo de não conseguir e ser vista na internet como mais uma menina que fracassou.

Quando gravei meu primeiro vídeo em São Paulo, falando sobre a mudança, decidi contar para o meu público que queria emagrecer.

"Em quatro meses eu quero ficar gostosa. Não magra, nem musculosa, mas gostosa."

O nome Projeto **Ana Gostosa** surgiu inspirado em um site chamado gostosa.tumblr.com, que tem o slogan "Gostosa que se acha gorda". O site mostra mulheres lindas e sexy que morrem de orgulho das suas curvas.

Eu sabia que, pelas minhas origens e herança genética, almejar a magreza me levaria direto para a frustração. Por isso, meu objetivo era buscar um corpo saudável e bonito para mim, sem me espelhar nas mulheres que vemos em revistas.

Iniciei o projeto no começo de dezembro e queria emagrecer até a segunda edição do Desencontro, que seria no começo de abril.

Hoje em dia vejo como aquela meta era engraçada e ilusória. Como é que eu queria emagrecer em quatro meses o que engordei durante anos? Um dos maiores erros que nós cometemos é desejar resultados imediatos. Isso não só para a perda de peso, mas para qualquer objetivo que temos. Nada que realmente valha a pena vem de forma fácil.

Naquela época eu não sabia disso; só queria emagrecer e não me importava como. Além de cortar frituras, doces, refrigerantes e bebidas alcoólicas, cortei também o carboidrato: parei completamente de comer pães, massas e farinhas e deixei de jantar. Emagreci 12 quilos em dois meses, mas fiquei doente. Não tinha forças para trabalhar nem me concentrar no que fazia, desmaiava constantemente. Percebi que essa não era a resposta.

Notei que tinha um público muito grande me acompanhando e que várias meninas se inspiravam em mim, desde a época em que eu levantava a bandeira Gordinhas Power até quando decidi emagrecer.

Influenciar tanta gente era uma responsabilidade grande demais, e eu vi que não queria ser mais uma menina que emagreceu da forma errada. Foi nessa hora que decidi transformar o Projeto Ana Gostosa em algo maior; não seria uma coisa feita somente para mim, mas iria inspirar outros também.

Eu queria provar que era possível emagrecer e ter resultados de forma saudável, sem precisar passar por cirurgias nem parar de comer. Eu sabia como era ser gorda. Tinha plena consciência do preconceito que sofria e da dificuldade de viver com depressão e 40 quilos a mais.

Eu sabia como era ruim olhar para o espelho e não gostar do que via, como odiava comprar roupas em lojas especializadas e como, mesmo tendo uma autoestima baixíssima, mentia para mim mesma e para os outros dizendo que me amava e era feliz assim.

Tinha certeza de que sofreria e de que seria uma caminhada difícil, mas queria mostrar esse processo todo para as pessoas que me acompanhavam. Iria mostrar tanto as partes boas quanto as ruins, e tudo seria feito da forma mais sincera possível.

O primeiro passo era encontrar um nutricionista e uma academia; eu precisava aprender a comer direito e passar a me exercitar regularmente. Mas como fazer isso sem dinheiro?

Toda a renda que eu tinha era gasta nas contas de casa, e eu me virava com o vale-refeição da empresa para poder me alimentar. Me vi num beco sem saída e resolvi usar a criatividade.

Eu já tinha alguns milhares de seguidores no YouTube e outras redes sociais, então ia procurar uma academia e um nutricionista que estivessem dispostos a trocar as mensalidades/consultas por divulgação. Não seria fácil, mas, se eu queria mostrar o processo correto, era isso o que eu tinha de fazer.

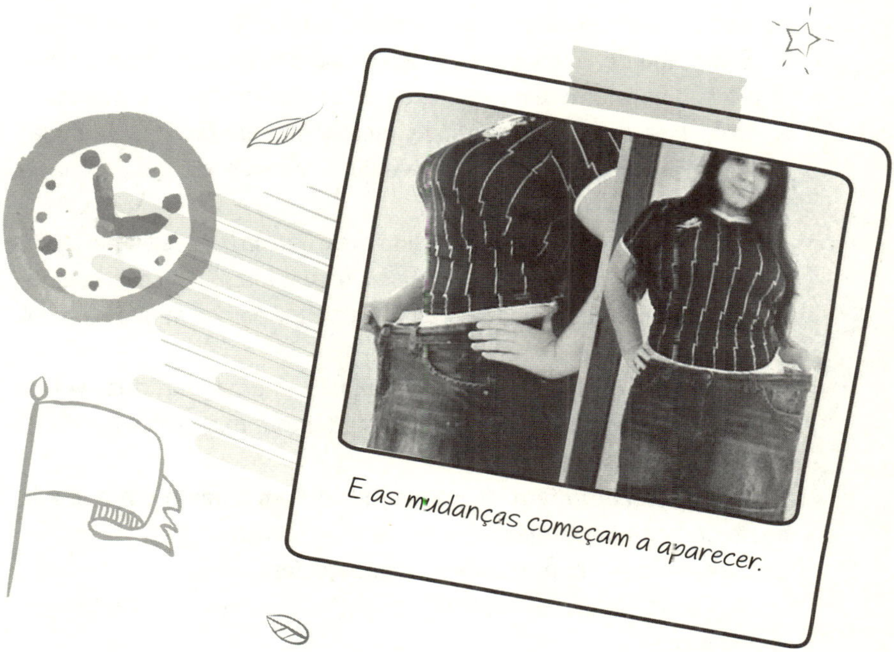

E as mudanças começam a aparecer.

Os primeiros **tombos**

Quando a gente acha que tudo está indo bem e que as coisas estão se encaminhando para dar certo, a vida sempre vai dar um jeito de testar a nossa força de vontade e ver se realmente queremos conquistar nossos objetivos.

O finzinho de novembro e o mês de dezembro foram muito bons, mas foi o ano virar que uma série de problemas começou a acontecer.

Dois dias depois do Ano-Novo, meu namorado resolveu terminar comigo. Passei o réveillon na casa dele, e, quando ele me deixou no portão da minha, falou:

— Eu acho que não está dando certo e que está na hora de terminarmos.

Foi horrível. Demos um abraço e ele foi embora. Subi chorando até o meu quarto e liguei pedindo para ele voltar para a minha casa, só até eu me acalmar.

Ele era um cara gente fina e voltou, não só uma, mas duas vezes.

— Eu gosto muito de você. A gente tentou, mas não dá certo. É melhor sermos amigos.

— Pô, negão! Tu termina comigo justo no momento em que não posso afogar minhas mágoas num pote de sorvete?

Sempre usei o humor como forma de defesa.

— Quem é que vai avaliar a evolução e o resultado do Projeto Ana Gostosa?

Ele só ria e me abraçava, fez carinho até eu parar de chorar e, quando me acalmei, foi embora.

Que merda, né? Até então eu ainda imaginava que tinha ido para São Paulo para ficar com ele, mas, ao terminar, percebi que era por um motivo muito maior.

"Agora que estou aqui, vou ficar. Quero vencer sozinha."

Tive minha semana de fossa, mas não deixei aquilo me derrubar, muito menos usei como desculpa para mandar o Projeto para o espaço e comer tudo o que quisesse por pura ansiedade. Viu que lindo? Eu estava começando a aprender a lidar com as minhas emoções. Ai, que orgulho.

Claro que a vida não achou suficiente o meu namorado terminar comigo um mês depois que cheguei a São Paulo. Ela queria uma cereja no bolo, que foi ele começar a ficar com a minha melhor amiga duas semanas depois.

Ai, ai. Deixa eu contar a história sensacional dessa minha amiga. Nós nos conhecemos em Curitiba. Ela era minha fã e adorava meus vídeos da viagem pela Europa. Conversamos muito, saímos pela cidade e foi divertido.

Meu Mestre, aquele gringo baixinho, lembra? Ao vê-la, me chamou de canto:

— Posso te dar um conselho? Agora que você está começando a ficar conhecida, cuidado com as pessoas que se aproximam de você. Nem sempre é por amizade. Pode haver muita falsidade e interesse envolvidos.

Quem dera eu tivesse ouvido.

Ela estava começando um blog e eu fiz de tudo para ajudá-la. Eu a levei a eventos, apresentei a pessoas influentes do mercado e dei muitas dicas para ela poder melhorar o trabalho.

Quando ela se mudou para São Paulo, comemorei, porque teria uma amiga por lá. Mal sabia eu que ela já estava dando em cima do meu namorado e articulando para que ele terminasse comigo.

Maravilha, hein?

Se você acha que os tombos acabaram por aí, nananinanão. Tem mais história para contar. Acho que ainda não falei, mas depois que me mudei para São Paulo passei a fazer parte de uma agência com um grande casting de blogueiros e personalidades da internet.

Eu me sentia feliz por saber que o meu nome estava junto com o de gente tão famosa, mas ao mesmo tempo ficava triste por saber que eles não davam a mínima importância para mim.

Entrei em contato com eles para que conseguíssemos uma academia parceira para o Projeto Ana Gostosa. Fiquei semanas sem resposta e, depois de muito insistir, recebi o material que eles haviam enviado para duas academias.

A apresentação era ruim e não passava a ideia completa do Projeto. Nenhuma das academias retornou e eu comecei a me perguntar se realmente precisava esperar por eles para que algo acontecesse.

Decidi que ia atrás das academias sozinha mesmo. Não ia deixar que nada me parasse nesse momento. Na época eu pesava 103 quilos e, por mais que tivesse certeza de que conseguiria, ainda era muito gorda e recebi olhares preconceituosos em todas as academias onde estive.

Sempre educados, todos respondiam que se soubessem de algo entrariam em contato. Obviamente, nunca entravam.

No entanto, eu tinha tanta confiança no meu propósito que não ia me deixar abater. Do lado da minha casa havia a academia onde a Marina malhava, e eu resolvi tentar lá também.

Consegui o telefone do dono e falei da ideia do Projeto e de como seria bom que o nome da academia fosse associado a uma história de sucesso; ele ficou interessado e nós marcamos uma reunião para nos conhecermos.

— Vou falar com os meus sócios e te respondo até o fim da semana.

A semana acabou e não houve contato. Ainda com esperanças, enviei uma mensagem para o celular dele.

"Oi, aqui é a Ana, tudo bem? Olha só, ainda estou esperando a sua resposta. Gostaria de avisar que subi um vídeo para o YouTube hoje, ainda está travado em 301 views, mas acho que já passou dos 7 mil."

Não recebi resposta, mas não me dei por vencida. Deixa eu explicar uma coisa sobre mim. A partir do momento em que ponho algo na cabeça, só desisto quando tenho certeza de que tentei todas as alternativas possíveis. Aprendi isso no Pa-Kua: temos sempre, no mínimo, oito soluções para cada problema e, para cada uma delas, oito modos diferentes de tentar. Ou seja, para cada problema há 64 formas de resolvê- o.

Enviei outra mensagem.

"Eu gostaria apenas que você me respondesse para eu saber se continuo procurando academias parceiras."

Em menos de um minuto recebi a resposta que queria, ou melhor, que não queria.

"Ana, agradeço o seu interesse, mas a resposta é não. É muito arriscado associar o nome da minha academia a uma gorda que quer emagrecer. Eu não acredito em você e acho que você não vai conseguir. Desista."

Fiquei muito triste com a resposta do cara, mas desistir não era uma opção.

As voltas que **a vida dá**

★★★

Já fazia alguns meses que eu estava afastada da escola de Pa-Kua, mas acho que, em todos aqueles anos, não apliquei tanto o que aprendi como nessa experiência de mudança de vida.

Era justamente essa filosofia que estava me fazendo aguentar todos os problemas e seguir em frente.

Janeiro foi um mês complicado e cheio de pequenas coisas que poderiam me derrubar, mas eu me mantive forte, porque sabia que algo bom estava por vir.

A lei do Yin-Yang é uma das mais infalíveis que já estudei, e eu tive a oportunidade de vê-la sendo aplicada. A vida é feita de ondas de momentos positivos e negativos que passam por nós. Nem sempre o negativo é algo ruim ou o positivo é bom; devemos observá-los e entender para que servem.

Aprendi demais nos meus momentos de dificuldade. Eles me prepararam muito bem para as conquistas que chegariam mais adiante.

O primeiro vídeo do Projeto Ana Gostosa entrou na home do YouTube e em menos de uma semana já contava 300 mil acessos.

O assunto explodiu de uma forma que eu não pude acreditar.

Vários portais importantes começaram a me chamar para reportagens, e então eu recebi um convite mais do que esperado.

A academia Companhia Athletica queria fazer uma parceria comigo.

Eles ofereceram bolsa integral, nutricionista e exames médicos para acompanhar meu emagrecimento.

Nem preciso dizer que foi uma alegria gigantesca, né? Comecei a sentir que todo aquele esforço iria valer a pena, pois agora eu poderia mostrar para as pessoas que era possível emagrecer e ter uma vida saudável sem o auxílio de remédios ou métodos invasivos.

Contei a notícia para o meu público em um segundo vídeo e o Projeto Ana Gostosa começou a ficar cada vez mais conhecido. Tão conhecido que fui convidada a aparecer em programas de televisão.

Os seguidores aumentavam gradativamente, a visibilidade e o trabalho também.Tudo isso me deixava mais comprometida com emagrecer e buscar uma vida saudável. Eu já não fazia mais somente por mim, mas por outros milhares de pessoas.

Uma das primeiras coisas que a nutricionista me ensinou foi que, se eu estava sendo uma inspiração para tantas pessoas, jamais poderia dizer para elas cortarem totalmente os carboidratos ou pararem de comer.

O importante era comer de três em três horas, trocar os carboidratos simples (de rápida absorção) pelos complexos (de absorção lenta) e aprender sobre as quantidades e as qualidades dos alimentos.

Anotou aí? Sacou a dica? Tente fazer um teste para ver como é a sua alimentação atualmente. Escreva aqui o que você comeu ontem:

Agora é com você

E aí? Comeu nos intervalos certinhos? Teve carboidrato complexo? Frutas e legumes? Se não teve, acho legal ficar ligado, hein?

A partir do momento em que comecei a comer corretamente e a fazer exercícios regulares, perder peso se tornou uma coisa relativamente fácil.

Eu só precisava persistir e manter a força de vontade, mesmo com os tropeços da vida. Parecia tudo lindo e de volta ao caminho do sucesso até que... tchamtchamtchamtchammmm!

Quem chegou com alguma aventura ou trapalhada para esta blogueira aqui enfrentar? Vou dar uma chance para você acertar: começa com VI e termina com DA.

Já que o Projeto estava andando e eu estava emagrecendo, tinha superado o término com o namorado, a traição da amiga e voltara a ser confiante, era hora de a vida colocar mais alguma dificuldade para eu enfrentar.

Fui demitida. Sabe aquele emprego, cujo salário mal servia para pagar as contas da minha casa? Esse.

Quando fui passar por aquela famosa conversa de "você está dispensada, mas nós desejamos tudo de bom na sua vida", acabei deparando com um discurso estranho da minha chefe.

— Ana, qual é o seu objetivo?

— Quero ser uma mulher de sucesso.

— Uma publicitária?

— Não sei se publicitária. Quero ser uma mulher que tem sucesso no que faz e é feliz com o seu trabalho.

— E eu sei que você tem capacidade para isso. Você é muito inteligente e criativa.

— Obrigada.

— Mas posso te fazer um pedido e dar um conselho?

— Claro, sempre.

— Por favor, não vira blogueira. Você tem capacidade para muito mais.

— Humm, tá... E o conselho?

— Usa sapatilha na próxima entrevista. Aposenta o All Star.

Saímos rindo e tranquilas com a conversa. Ainda quero muito bem os meus primeiros chefes. Levo a sério a frase "amigos, amigos, negócios à parte".

Graças à indenização que recebi da agência, tive um mês de tranquilidade para procurar outro trabalho, e a minha vida se resumia a ir à academia, enviar currículos e fazer entrevistas.

Dessa vez estava mais complicado encontrar emprego. Eu já tinha feito muitas entrevistas sem sucesso. Comecei a desanimar; já não sabia mais se valia a pena. Porto Alegre também tinha academias e eu poderia malhar lá, caso voltasse.

A questão é que eu não queria voltar como uma perdedora que não conseguiu vencer em São Paulo. Se eu voltasse, seria por opção e para buscar algo melhor.

Para minha alegria, um dos meus anjos da guarda entrou em ação. Ah... Não te contei ainda sobre os meus anjos da guarda? Espera. Vou falar sobre eles no próximo capítulo. São muito especiais para mim.

Anjos **da guarda**

Pronto. Parou tudo. Quero um momento sentimental aqui no meu livro. Você está perto de algum computador ou celular? Coloca uma música meiga para tocar, por favor, porque é um capítulo importante.

Deixa eu falar sobre os meus anjos da guarda.

Muitas pessoas consideram o seu público algo secundário. Eu não consigo ser assim. Para mim, os leitores são o meu combustível. São o apoio nas horas ruins e os anjinhos que cuidam de mim.

A primeira vez que fui reconhecida pelo meu trabalho aconteceu em Dublin, na Irlanda. Eu estava passeando com uma amiga e contando sobre o sucesso dos vídeos.

— Ah tá... Jura que você está ficando famosa, né, Ana?

Nem bem ela terminou essa frase, uma menina veio correndo lá do outro lado da rua, dizendo que me adorava e não perdia um vídeo que eu postava. Me abraçou de uma forma supercarinhosa e deu um dos sorrisos mais lindos que já vi.

O sorriso começou a se repetir cada vez que eu encontrava alguém que gostava do meu trabalho por aí, e eu sempre recebi esse carinho com muito amor, mas nunca imaginei que ele fosse chegar a um ponto de cuidado e preocupação tão grandes.

Uma fã já havia me ajudado a encontrar um lugar para morar em

São Paulo, mas foi no episódio seguinte que eu notei que a minha relação com essa galera era muito mais forte que alguns caracteres trocados no Twitter.

Cheguei a São Paulo no fim de novembro e, não faço a mínima ideia do porquê, houve uma onda de frio na época. Como já falei, levei pouquíssima coisa para lá, por isso comecei a sofrer um bocado com as baixas temperaturas.

Meu uniforme deixou de ser travesseiro e passou a ser abrigo. Como ele era muito largo, eu podia vesti-lo por cima de outras roupas e assim me mantinha aquecida.

Em uma das noites de frio, enquanto ainda morava na pensão, comecei a ficar triste pela situação em que estava.

"Estou morando num lugar horrível, passando fome e frio, longe da minha família e não gravei mais nenhum vídeo sequer. Será que vale a pena mesmo?!"

Acabei comentando no Twitter que estava com frio e a primeira coisa que faria quando recebesse meu primeiro salário seria comprar um cobertor.

O Twitter sempre me ajudou a desabafar e conversar quando me sentia sozinha. Eu já tinha uns 15 mil seguidores, e era bom saber que tinha companhia, mesmo que virtual. Sempre considerei os seguidores meus amigos de bolso.

Meses depois, uma das coisas mais lindas da minha vida aconteceu. Eu estava megadeprimida por estar sozinha em São Paulo no meu aniversário, triste pelo pé na bunda que levei e, na época, por todos os "nãos" que tinha levado das academias. Saí para almoçar com os colegas de trabalho e, ao voltar, uma menina estava lá me esperando.

A Karen estava com um sorriso lindo, daqueles que só os meus fãs têm, e disse que já tinha emagrecido nove quilos usando meus vídeos como incentivo.

Eu já estava com lágrimas nos olhos por saber que havia contribuído para a mudança de alguém quando ela disse:

— Eu tenho um presente pra você.

E me entregou uma agenda para eu escrever as minhas metas de perda de peso e conquistas da dieta. Achei aquilo lindo e fiquei mais emocionada ainda.

— Nossa! Obrigada, querida! Significa demais pra mim!

— Espera, tem mais um.

— Como assim?

Então ela foi até atrás de uma árvore, onde havia escondido a surpresa, e saiu de lá com um cobertor. Pronto! Me lavei de lágrimas e não conseguia acreditar no que estava acontecendo.

— Eu vi que você comentou no Twitter que estava passando frio, e a gente não quer que você sofra em São Paulo. Eu sei que esta cidade é cruel, mas você não pode desistir dos seus objetivos. Você vai conseguir.

Eu só chorava. Ela tinha pego um cobertor da própria casa para dar para mim? Como eu ia acreditar nisso?

— Eu comprei antialérgico porque sei que você tem rinite.

— Espera! Você comprou?!

— Claro! É novinho! Presente pra você.

— Eu não sei como retribuir esse carinho, juro.

— Apenas fique firme nos seus sonhos e mantenha seus objetivos. Não desista.

Chorei, subi para o trabalho abraçada no meu cobertor novinho e percebi a real importância do que eu fazia. Eu finalmente havia encontrado uma forma de mudar a vida das pessoas. Graças às minhas conquistas, elas conseguiriam forças para buscar as suas próprias.

Depois que fui demitida e estava quase voltando para Porto Alegre por não ter encontrado emprego, mais um anjo da guarda entrou em ação. O Leo me enviou um tweet dizendo: "Talvez um pessoal entre em contato com você". Um dia depois, recebi um e-mail me chamando para uma entrevista.

Eu era muito desconfiada e fui atrás para ver do que se tratava. Era uma empresa gigante de tecnologia mobile. Nem acreditei que estava tendo a oportunidade de trabalhar lá. Fui para a entrevista, mas fui de All Star.

O vice-presidente era gaúcho, e isso me deixou mais à vontade para conversar. Falamos sobre minha experiência com mídias sociais, o fato de eu ser uma menina nerd, sempre ligada em tecnologia, até que ele chegou a uma pergunta vital.

—Você entende de iOS?

— Uso o iPhone há muito tempo e conheço bem os produtos da Apple.

— E Android?

— Você quer que eu seja sincera ou minta para me sair bem na entrevista?

— Seja sincera.

— Nunca encostei em um Android na minha vida, mas sei que sou inteligente e que, se você me entregar um aparelho por um dia, no fim do expediente eu já te ensino a consertar.

— Ok, muito bom. Nós estamos remanejando tudo aqui e daremos uma resposta em duas semanas.

Aproveitei essas semanas para passar uns dias com minha mãe e irmã. Enquanto tirava uma soneca abraçada na minha mana (costume que nunca perdemos), recebi uma ligação de São Paulo.

— Oi, Ana Maria? Queria informar que você foi aprovada e que a vaga é sua, ok?

Desliguei o telefone sem acreditar. Eu ia trabalhar numa empresa sensacional e tinha minha vida em SP garantida! Obrigada pela entrevista, anjo da guarda Leo!

Calma! Eu sei o que você está pensando. "Ainnn, que ridícula a Ana. Dá importância só pra aqueles que deram coisas pra ela!"

Nananinanão. Não é assim. Estou usando esses exemplos para você ter noção das coisas mais surpreendentes que aconteceram comigo, mas dou o mesmo valor aos sorrisos, às cartas, fotos, mensagens, e-mails e tudo o que recebo.

Meus anjos da guarda são muito mais importantes para mim do que eu sou para eles. Pode ter certeza disso.

Este capítulo serviu como uma declaraçãozinha de amor.

Fontes **de força**

Acho que chegamos a um ponto muito legal da história, sabia?

Depois que consegui o novo emprego e percebi que havia uma chance de ficar em São Paulo buscando meus sonhos e objetivos, passei a ter certeza de que estava tomando o caminho correto.

Sabe certeza? Então!

Eu sabia exatamente o que queria fazer e que caminho trilhar e ninguém me convenceria do contrário.

Passei a acordar às cinco da manhã para ir para a academia e depois direto para o trabalho, que era algo novo e muito empolgante.

Tudo estava andando bem e eu me sentia confiante, pois conseguia ver que o sofrimento do início estava valendo a pena.

Claro que tive momentos de fraqueza e novos sofrimentos, mas, para não me deixar abater, busquei forças de várias formas, e é sobre isso que vamos falar agora.

É normal sentir-se fraco e sozinho quando se busca algo muito grande e que ultrapassa os seus limites, por isso é megaimportante encontrar apoio para não se deixar cair.

Vou falar das coisas que me ajudaram.

Se você tiver outras sugestões, pode escrever no fim deste capítulo ou até me enviar por e-mail.

Tá pronto? Vamos lá.

Será que eu faço uma listinha para ficar bonitinho e organizadinho?

Acho que sim.

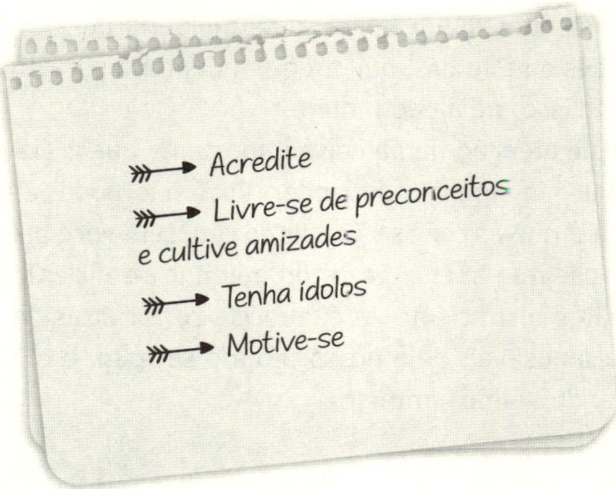

Acredite

Acredite que as coisas acontecem por um motivo, que todo sofrimento é um aprendizado e toda vitória, um degrau que se subiu. Tenha fé que dias melhores virão sempre e saiba que tudo o que você almeja vai dar certo, de alguma forma. Acredite em Deus (qualquer que seja), energia, natureza, universo; não faz muita diferença o nome que você dá. O importante é saber que todo o seu esforço é potencializado por algo maior.

Meus pais eram de religiões diferentes e eu fui batizada como católica quando tinha 10 anos, por pura pressão do colégio. Entrei apenas duas vezes na igreja e nunca fui muito adepta dos ensinamentos da Bíblia, pois questiono certos preconceitos e dogmas que tem lá. Respeito quem usa a religião, sem fanatismo, para fazer o bem para si e para outros.

Talvez a religião seja a resposta para você, mas para mim não foi. Eu acredito muito no movimento do universo, no poder da natureza e na sua energia. Quando comecei a estudar a filosofia oriental no Pa-Kua, fiquei encantada, pois encontrei um conhecimento que me ajudava a perceber melhor o mundo em que vivia.

Passei a acreditar que o universo se moldaria de acordo com as minhas decisões ou atitudes, que tudo se adaptaria para eu conseguir o que queria, e isso me ajudou muito.

Agora preste atenção numa coisa importante que a Tia Ana vai te falar. Acreditar não significa depender. Você não pode, em hipótese nenhuma, achar que as coisas vão cair do céu, sem você precisar fazer nada. Não pense que apenas rezar ou meditar é suficiente. É importante, mas não é o suficiente. Você precisa correr atrás do que quer. Nós somos responsáveis pelo nosso próprio sucesso, e o universo só responde quando agimos primeiro.

Se eu pudesse, abraçaria São Paulo.

Marina: de roommate a BFF.

Livre-se de preconceitos e cultive amizades

Infelizmente eu já fui uma pessoa muito preconceituosa, e hoje dói admitir isso. Sempre coloquei uma barreira em volta de mim; só deixava chegarem perto as pessoas que eu mesma julgava boas o suficiente. Que coisa ridícula, não é? Ainda bem que o tempo passa e a gente muda.

Muitas vezes ficamos sozinhos por escolha própria, querendo afastar todo mundo por achar que isso é o melhor para nós. Aí não dá. O ser humano é um bicho que vive em bando, e a gente precisa de companhia.

Então, deixe de preconceito e de se achar o fodalhão e bora conhecer as pessoas à sua volta. Arrisque perder, ganhar, sofrer ou sorrir, mas cultive amizades.

Quando você para de olhar as pessoas por fora e se interessa pelo que há por dentro delas, passa a aprender muito mais do que imagina.

Todo mundo tem algo para ensinar e acrescentar na sua vida.

Percebi isso com a Marina, a minha roommate de SP. Ela não seria uma pessoa com quem eu normalmente teria contato, pois sempre fui mais moleca e não me importava muito em cuidar da beleza ou do que vestia. A Marina, não: ela sabia se vestir bem, era supereducada e fina, coisa que eu não via com bons olhos. No momento em que nos aproximamos, porém, descobri uma pessoa maravilhosa e acabei aprendendo demais com ela.

Recebi e dei conselhos, ajudei e recebi ajuda, encontrei apoio e forças numa amizade linda que se construiu porque nós duas nos doamos o suficiente para isso. Doe-se e tenha amigos.

Tenha ídolos

Muita gente condena quem tem ídolos. Acha fútil e inútil. Eu não penso assim. Veja bem: não estou falando de sair gritando pela rua ou se descabelando por um ídolo adolescente (se você é adolescente e ficou bravo com o que eu falei, desculpa, tá? Daqui a um tempo você entende a Tia Ana).

Estou falando sobre pessoas que você admira e que, de alguma forma, são bem-sucedidas. Procure conhecê-las, saber da sua história e entender o que você pode aprender com elas. Quero falar para você sobre quatro ídolos que eu tenho.

Minha mãe: Com certeza, é ela quem está no topo da lista. Uma mulher guerreira e culta, que cuidou das duas filhas e formou jovens inteligentes, criativas e independentes. Em meio a tantas coisas que aprendi com minha mãe, a mais significativa foi que sofrimento tem hora. Isso mesmo. Sofrer é importante, mas não mais que o trabalho. Quer chorar? Chora, mas quando dá tempo. Tenha os seus momentos de crise, mas não deixe que durem para sempre. Levante-se e trabalhe.

Steve Jobs: O cara foi o criador de uma das maiores empresas de tecnologia do mundo, foi demitido do próprio negócio e depois ainda conseguiu voltar para a Apple. Com ele aprendi sobre a importância da agressividade nos negócios e da persistência para conseguir o que se quer; nunca parar diante do primeiro "não". Steve Jobs me ensinou a pensar fora da caixa e a entender que a criatividade é uma habilidade tão importante quanto o pensamento lógico. Mais importante que tudo, me ensinou a conectar os pontos.

Will Smith: Ahhh, esse cara... Ele foi a grande companhia da minha adolescência, quando eu almoçava sozinha assistindo *Um maluco no pedaço*.

Ele era rapper e, mesmo mantendo uma postura sem letras degradantes, o que era raro no ramo, fez um sucesso incrível na música.

Começou com o programa na TV sendo completamente cru e sem saber atuar e hoje em dia leva o mundo às lágrimas com qualquer filme que faz.

Com o Will Smith eu aprendi a importância de seguir em frente, passo por passo, sem querer passar por cima de ninguém. Aprendi o quanto devemos correr atrás do que queremos com a mesma vontade que temos de viver. Trabalhar, estudar e desenvolver a habilidade necessária para o sucesso é o melhor que você pode fazer. Sucesso é justamente conseguir fazer o bem para outras pessoas, fazer a diferença no mundo e transformá-lo em um lugar melhor por ter estado presente aqui.

Guilherme Briggs: Já falei sobre a importância do Guilherme Briggs lá no capítulo da Campus Party. Eu juro que tenho dificuldade até hoje para definir o que senti ao conhecê-lo. Foi um dos momentos mais emocionantes da minha vida, com certeza! Briggs contou sua história e falou do caminho que trilhou para chegar a ser dublador, e aquilo me inspirou demais, porque ele conseguiu viver da sua arte e eu queria viver da minha.

Com o Guilherme Briggs aprendi sobre humildade, doçura e carinho, tanto com o trabalho quanto com as pessoas a minha volta, família, amigos e fãs.

O Briggs é um cara puro, cheio de amor no coração. Ele me tratou com tanto carinho no dia em que o conheci que percebi ali um verdadeiro artista. Aprendi que não há a mínima necessidade de estrelismos ou pedestais entre ídolo e fã. Somos todos seres humanos, e o carinho é mais importante. Naquele momento decidi que, se algum dia chegasse a viver da minha arte e fosse conhecida pelos fãs na rua, sempre os trataria com o máximo de atenção.

Depois da Campus Party, tive a sorte de manter contato com ele e hoje em dia o considero um grande mentor. Sempre que conversamos aprendo algo e me sinto grata por isso.

Motive-se

Agora vem o tchananã do capítulo. Motive-se! Veja filmes bons, vídeos, leia livros, contos, textos, posts. Qualquer coisa! Nunca caia naquele ponto em que você acha que não dá para recomeçar.

Essas "coisas motivacionais" funcionam e ajudam muito. Não faço ideia de quantos vídeos assisti buscando palavras e exemplos de força, mesmo com alguns amigos dizendo que isso era besteira e coisa de gente deprimida. Eu não me importava: queria motivação para continuar e consegui.

Que tal escrever aqui as suas fontes de motivação?

Agora é com você

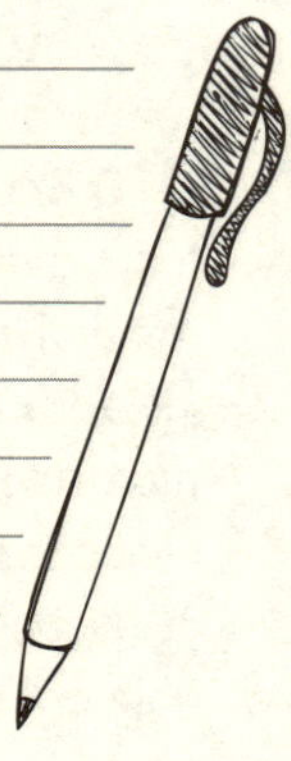

O inusitado

Bom, agora que já passamos por algumas das dicas da Tia Ana, bora voltar para a linha do tempo? Qual foi a última coisa que eu contei para você? Ah, sim! Consegui um emprego! Era uma empresa muito legal. O ambiente era colorido e cheio de vida, mas ao mesmo tempo muito simples. Todos os funcionários e diretores eram de fácil acesso e davam espaço à inovação. Eu podia ser criativa, maluca e hiperativa, e ainda era paga para isso!

No trabalho, tudo ia bem, na academia também e, em casa, era tudo ótimo. Morar com a Marina foi uma das melhores coisas que aconteceram comigo. A nossa convivência não podia ser melhor.

Só o meu coração andava "parado" demais. Eu não me apaixonava por ninguém, não encontrava ninguém que me interessasse e aquilo de sair para a balada para pegar uma pessoa aleatória não era algo que combinava comigo.

Até que um dia aconteceu uma coisa que, sinceramente, não sei nem como começar a contar, porque a história é meio complicada.

Ai, meu Deus... Que difícil.

Bem, vamos voltar ao ano de 2005, quando eu viajava constantemente para Floripa para ficar com meu primeiro namorado. Um dos programas constantes quando eu ia para lá era sair com os outros dois amigos dele que também praticavam Pa-Kua e as respectivas namoradas.

Um deles era todo metido a *glam rocker* e se achava o Bon Jovi. O outro era o Marcus, alto e engraçado.

Nós nos reuníamos para comer pizza, passear no shopping, comer pizza, ver a banda deles ensaiar, comer pizza, praticar Pa-Kua, comer pizza e por aí vai. Já falei que comíamos pizza?

Depois de um tempo, o trio acabou se separando. O Bon Jovi foi com a namorada para Uberlândia, o meu namorado veio para o Rio Grande do Sul morar comigo e o Marcus ficou em Floripa e se casou.

Nunca mais vimos o cara que foi para Uberlândia e víamos o Marcus em raros eventos da escola e em um ou dois jantares em que juntamos os dois casais.

A vida seguiu e nós perdemos o contato. Meu namorado falava às vezes com ele sobre programação de sites e eu não tinha por que participar, então meio que esqueci da sua existência.

Pronto. Essa era a parte importante para você saber. Vamos avançar para quando eu estava no meu primeiro emprego em SP e encontrei uma amiga de Floripa no ônibus. Fiquei espantada por encontrá-la ali, afinal tinha perdido o contato com ela também.

— O quê?! Você por aqui?

— Aham. Tô morando em São Paulo agora.

— Que mundo pequeno! E nós nos encontramos no ônibus?! Loucura.

— Pois é! Se mudou pra cá também?

— Sim, tô tentando a vida na cidade grande.

— SP é legal. Louca, mas legal.

— Hahaha, parece comigo. Vamos combinar um sushi um dia desses? Preciso de amiguinhos aqui.

— Vamos sim! Sabe quem tá aqui também? O Marcus! Podíamos convidá-lo também.

— Boa.

Desci do ônibus e fui trabalhar.

Naquele dia procurei uma forma de falar com o Marcus e comentei que havia encontrado a nossa amiga.

— Encontrei a Fulana no ônibus e ela falou que você está em SP também. Me mudei pra cá há pouco tempo. Vamos marcar um sushi um dia desses?

— Ah, que legal saber. Vamos sim.

Obviamente, como todas as promessas desses encontros em lugar público, o famoso "vamos combinar" não deu em nada e o tal do sushi não saiu.

A partir dali nós passamos a conversar muito esporadicamente sobre as trivialidades de morar na cidade grande e sobre Pa-Kua. Falei que sentia falta de fazer aulas, e ele me contou que estava recomeçando a ensinar. Eu não sabia nada da vida dele e não fazia a mínima ideia de que havia se divorciado.

Até que um dia, meses depois, ele me convidou para ir a um jantar do pessoal da escola. Era aniversário de um dos alunos e todos se reuniriam em uma pizzaria.

— É uma forma legal de você retomar contato com a galera do Pa-Kua.

Como eu estava querendo voltar para a escola e precisava fazer amigos, achei a oportunidade legal para conhecer gente nova. Considerava uma situação segura para me tirar de casa, já que eu não saía muito, mas aí, meu queridinho... ai, ai... essa noite entrou para a história.

Fui à tal da pizzaria e encontrei uma mesa cheia de gente que não conhecia; minha timidez me fez sentir um frio gigante na coluna. O Marcus estava sentado a umas quatro cadeiras de distância de mim.

"Que desgraçado. Me convida pra um treco em que não conheço ninguém e ainda senta longe?", pensei, morrendo de vergonha e medo de conversar com os meninos à minha volta. Nessa hora peguei o celular e comecei a combinar com um amigo um bar para mais tarde, assim eu teria uma desculpa para sair rápido.

Mas pizza vai, pizza vem, pediram umas cervejas e a conversa começou a rolar. Fiquei amiga dos meninos que estavam ao meu lado e nós rimos muito. Ainda não entendia o porquê de o Marcus estar tão longe nem falar comigo depois de ter me convidado para o negócio.

Mandei um SMS para ele. Dois caracteres. Coisa simples.

:P

Ele não foi nada discreto:

— Você mandou mensagem pra mim, velho? Mas... eu tô aqui do seu lado!

E a vergonha que eu senti nessa hora?

Acabou o jantar e eu iria para um bar na Vila Madalena, que é um bairro boêmio de SP. Depois de umas cervejas, todo mundo já vira amigo de infância e eu convidei a galera perto de mim para ir junto.

"Hmm. Vai ser falta de educação não convidar o Marcus, já que ele me convidou pra vir pra cá."

Os meninos o convenceram a ir e todos saímos.

Fomos ao tal bar e lá ficamos até fechar. Aí resolvemos ir a pé até outro. No meio dessa caminhada, a minha conversa com o Marcus já fluía bem. Nós ríamos muito nos atualizando sobre as informações que perdemos nesses anos sem contato. Até que ele falou:

— Pois é. Preciso conhecer sua irmã, né?

— NÃO!

Terminei a frase e me arrependi completamente.

— Ué, por que não?

— Nada, deixa quieto.

Responder "não" foi um reflexo, e agora eu não sabia mais como me comportar. Eu morria de ciúmes da minha irmã, porque ela era mais nova, mais bonita e muitos caras me usavam para chegar até ela.

Foi naquele "não" que percebi que estava com vontade de ficar com ele. Isso era errado! Ele era o melhor amigo de adolescência do meu ex. Eu tinha que colocar a cabeça no lugar; ele não tinha me convidado com essa vontade, porque se quisesse algo comigo não teria sentado longe. Mas, ai... como era lindo.

Chegamos até o outro bar, encontramos o meu amigo e mais uma galera da internet e eu agradeci a Deus por isso, pois ainda estava com vergonha do Marcus. Eu só queria ir para casa e que a noite acabasse para que aquela vontade passasse.

Mas a noite continuou e nós continuamos conversando, dessa vez sentados lado a lado.

A vontade e o dilema aumentaram. Era o primeiro cara em quem eu realmente tinha ficado interessada em muito tempo, mas era o melhor amigo do meu ex. Era errado, mas ao mesmo tempo eu queria muito. E agora?

Os meninos que eu conheci naquela noite ficaram botando pilha na história e ele insistia na pergunta "Por que eu não posso conhecer a sua irmã?". Como eu estava levemente alcoolizada e eram três da manhã, já tinha tocado o "foda-se pra vida". Então, quando os meninos perguntaram pela milésima vez "Tá, e por que ele não pode?"...

Respondi:

— Porque a minha irmã sempre fica com quem eu quero ficar.

Ficou aquele silêncio constrangedor e eu me apavorei.

— Ahn... é... eu... ahn.... eu vou ao banheiro!

Entrei no banheiro desejando que houvesse um portal direto para a minha casa e que eu pudesse desaparecer dali. Eu não acreditava que tinha falado aquilo. Agora ele tinha certeza de que eu queria ficar com ele. Eu sentia que ele queria ficar comigo também, mas não sabia se realmente ia acontecer, e essa dúvida me apavorou.

Nem sei quanto tempo fiquei lá. Só sei que me olhava no espelho, em meio a um breve ataque de pânico, e me perguntava: "O que você fez??? Por que falou aquilo??? E agora?!?! O que você feeeeez??".

Voltei para a mesa morrendo de vergonha e não conseguia nem olhar direito para o Marcus.

— Por que você não olha pra mim?

— Porque eu estou com vergonha.

Ele passou a mão no meu cabelo, levantou o meu rosto, olhou nos meus olhos e foi o melhor beijo da minha vida.

O tempo parou. Meu corpo todo tremia. Eu sentia frio na barriga. Felicidade e medo ao mesmo tempo. O abraço dele era bom, o beijo dele era bom, o cheiro dele era bom. Não tinha nada que desse margem para "isso podia ser melhor". Nós dois nos encaixamos como nunca tinha acontecido.

Ficamos juntos até umas seis da manhã, quando o bar fechou e eu decidi voltar para casa.

Os meninos perguntaram se ele dormiria comigo naquela noite.

— Você quer? – ele perguntou.

— Acho muito cedo – foi o que eu respondi.

Nós nos despedimos e eu fui para casa com o coração quentinho. No dia seguinte, já sentia saudades e queria muito vê-lo novamente; para minha felicidade, ele sentia o mesmo. Combinamos um cinema e ficamos de novo. O encaixe era perfeito; tive certeza de que não foi coisa de momento. Ao nos despedirmos novamente, ele disse:

— Quero ver você amanhã.

— Eu também.

Quando ficamos pela terceira vez, a única coisa que eu conseguia repetir era: "Marcus... Que engraçado. Marcus". Eu jamais imaginei que um dia pudesse rolar algo entre a gente e que seria tão bom.

Na semana seguinte, escrevi um post no blog sobre esse lance do inusitado e das coisas inesperadas da vida. Acho legal mostrar para você:

São Paulo é uma cidade mágica e com poesia por todos os lados, pena que poucos conseguem ver isso. A grande maioria das pessoas ainda acredita que não existe amor em SP. Uma selva de pedra, prédios que escondem o brilho do sol, cidade cinza, barulhenta e com mares de gente se batendo nas estações de trem e metrô. Sou do interior, de onde se admira a beleza de uma criança brincando, uma fileira de formigas trabalhando ou simplesmente se para de fazer qualquer coisa e fica em silêncio, só para sentir o vento que acaricia a nossa pele. É realmente um pouco diferente da galera daqui.

As pessoas estão cada vez mais presas às suas rotinas e se esquecem de prestar atenção no inusitado, no incomum ou no extraordinário. Confesso que esse era um medo que eu tinha quando me mudei para cá. Não queria ficar com o coração de pedra e, muito menos, robotizada, sem me emocionar com as pequenas coisas que acontecem à minha volta.

Um dia desses, correndo para a academia, acabei me batendo numa mulher na calçada que ficou muito brava comigo. O motivo? Fui desviar de uma formiga que estava atravessando a calçada com uma folha GIGANTE nas costas. Foi incrível como naquele momento eu me senti tendo uma lição de vida. Um pequeno ser, carregando um peso seguramente dez vezes maior que o próprio, podia ser esmagado a qualquer momento e ter sua vida interrompida. Realmente, a vida é muito curta pra perder tempo com restrições.

Felizes são aqueles que acordam a tempo de perceber isso e aprendem a aproveitar todas as oportunidades que têm.

Estou passando por uma fase estranha, algumas coisas ruins estão acontecendo, e eu simplesmente não consigo fazer nada para mudá-las, estão fora do meu alcance. Tenho que esperar passar, ou que os outros resolvam, confesso que isso me derrubou um pouquinho, estou acostumada a ser a pessoa forte, que aguenta a barra e resolve tudo, mas dessa vez não consegui. Fui triste para o trabalho, em mais uma manhã cinza enfrentar o trem lotado com pessoas mal-humoradas. Foi então que uma borboleta entrou no trem. Rosa, linda, voando meio perdida, ninguém percebeu que ela estava ali, mas eu sim. Aí ela se aproximou, pousou no meu braço e, por um breve momento, esqueci de tudo que me fazia triste; naquele momento, vi a poesia da situação.

Hoje, para a minha surpresa, no intervalo do almoço, vi dois macaquinhos em uma árvore próxima de onde eu trabalho. Dessa vez, sim, outras pessoas notaram que tinha algo de diferente acontecendo, tiraram fotos, sorriram e seguiram as suas rotinas, com certeza pela simples presença do inusitado.

Dar uma chance para o inusitado é algo que pode nos fazer muito felizes, pois a felicidade e a beleza estão nas pequenas coisas que deixamos passar por estarmos tão concentrados em seguir o plano e a rotina.

Obrigada, São Paulo, por me fazer perceber que o inusitado pode ser muito, muito, muito, muito, muito bom.

Basicamente eu estava agradecendo a São Paulo por ter encontrado o Marcus.

Um quebra-cabeça **chamado amor**

— Marina! Fiz uma besteira! Só que eu gostei e agora não sei o que vai acontecer.

— Como assim?

— Fiquei com um cara durante essa semana e foi perfeito!

— Ai, amore, que bom! Fico feliz por você!

— Não! Não fica!!

— Ué, mas qual é o problema? Você não disse que foi perfeito?

— Ele é o melhor amigo do meu ex.

— Vishhhh. Mas calma. Eles ainda mantêm contato? São melhores amigos hoje?

— Não, nem se falam direito, mas foram muito amigos na adolescência.

— Isso faz quanto tempo?

— Uns oito anos.

— Pôôôôô, NaMaria! Então esquece! Se joga! Você gosta dele?

— Muito! Ele é lindo, inteligente, talentoso e megacarinhoso. Encaixamos perfeitamente, todas as peças, intelectual, emocional e fisicamente.

— Adoooooro!! Vão namorar?

— Ai, Ma... Faz uma semana só, é muito cedo. Ele acabou de se divorciar.

Foi assim que contei para a Marina sobre o Marcus. A Ma já tinha se tornado minha melhor amiga, irmã e confidente. Já tínhamos passado por muita coisa juntas e nossa relação era forte.

Gostar do Marcus me assustava e me deixava cheia de medos e culpas. Eu precisava da Marina para me aconselhar nessa hora.

Depois de duas semanas, eu já estava enloucuecida, apaixonada, mas estava com dificuldade para lidar com o fato de ele ser o melhor amigo do meu ex.

Eu achava que as pessoas podiam pensar que eu já tinha interesse nele desde sempre ou mantido uma relação paralela durante o meu namoro. Tinha medo de ser julgada, não queria que o meu ex achasse que ele era um fura-olho.

Nós dois sabíamos que foi algo novo, que surgiu na hora, mas que era muito bom!

Eu também tinha medo de colocar todo o meu processo de emagrecimento a perder por causa de namoro, deixando a academia de lado. Você sabe, né?

Galera começa a namorar, a comer errado, a ficar em casa, a fazer menos exercício e engorda. Ok... talvez não seja assim, mas era isso que eu pensava. Outro medo forte que eu tinha era de que eu acabasse sendo uma namorada substituta para o casamento dele. Sabe aqueles namoros que não duram nada e só servem para esquecer a pessoa anterior? Eu morria de medo disso. Não queria assustá-lo, queria que as coisas acontecessem devagar e com tranquilidade.

Até que numa noite, quando estávamos deitados na cama, ele contornou os dedos das minhas mãos com a mão dele e falou:

— Olha só, deixa eu te perguntar uma coisa.

Olhei para ele já sabendo o que ele iria perguntar. Nós tínhamos uma conexão muito grande, e, às vezes, as palavras eram desnecessárias.

— Hum, pergunta.

— Eu quero te dizer que nunca perguntei isso pra ninguém. Com as outras mulheres foi algo que aconteceu de forma diferente, nunca pedi dessa forma.

— Acho que já sei o que você quer perguntar.

— Sabe?

— Aham.

Eu estava apavorada. Ao mesmo tempo em que queria muito ficar com ele, todos aqueles medos me assombravam e eu achava cedo demais para assumir algo sério. Tinha medo de me machucar como aconteceu com o meu segundo namorado. Queria namorar um cara que realmente gostasse de mim e quisesse ficar junto comigo de verdade.

— E o que você acha?

— Eu acho que você não devia perguntar. É muito cedo. Faz só duas semanas.

— Você quer me namorar?

— É muito cedo... Eu disse pra você não perguntar...

Nós nos abraçamos e dormimos quietinhos. No dia seguinte ele foi embora e eu senti meu coração indo embora junto. Continuamos conversando pela internet e dois dias depois recebi a seguinte mensagem:

"Posso te ver hoje? Preciso conversar com você."

Claro que podia! Eu estava morrendo de saudade e queria muito vê-lo.

Ele chegou na minha casa com o rosto sério e disse que não podia aceitar ser apenas meu "ficante".

— Mas você não é só meu ficante.

— Sou sim. Nós não somos namorados. Se você quiser ficar com outros caras, você pode, e eu não acho isso justo.

— Mas eu não quero ficar com outros caras. Quero ficar só com você, mas sem o título de namorada.

— Assim eu não quero.

Comecei a chorar e não sabia o que fazer. Eu me resumia a medos, traumas e dilemas.

— Eu não quero parar de ficar com você.

— Quero que você entenda que não vim aqui para terminar nada. O que estou fazendo é isso.

Ele fez de conta que arrancava o próprio coração e o colocava nas minhas mãos.

— Tá aqui, ó, com você. Você decide o que faz com ele.

— Eu não sei o que eu quero. Estou confusa. Fica comigo hoje?

Ele ficou comigo por um tempo e depois voltou para casa. Na semana seguinte, viajou para Floripa e, nas outras, eu viajei para Manaus e para Curitiba a trabalho. Ficamos um tempo sem nos ver, mas não perdemos o contato. Eu mandava mensagens constantemente e ligava para saber como ele estava.

Sentia saudades. Como sentia saudades.

— Marina, o Marcus pediu pra me namorar.

— Obaaaa!! Que bom, amore! Tô feliz por você!

— Eu disse que não.

— O quê?! Por quê?!?!?

— Ai, Ma...Tenho medo... Ele é melhor amigo do meu ex, eu estou nessa coisa de emagrecer, tenho o trabalho novo, não sei se vou conseguir.

— Poxa, amore, mas você gosta dele?

— Muito! Ele é perfeito! Só que ele é o cara certo na hora errada.

—Você sabe o que faz. Só não pode se arrepender depois, hein?!

— É... Não sei.

Decidi tirar as semanas em que não nos vimos para pensar na vida, ver o que seria melhor para mim e para ele, pois não queria machucá-lo também. Eu sabia que tinha uma rotina corrida e nem sempre poderia estar presente.

Nos eventos, trabalhei, palestrei, fui a festas, conheci pessoas e fiz o networking de sempre.

Todos os homens que encontrei perderam a graça. Antes eu ficava superempolgada com a ideia de ficar com outros caras nessas oportunidades. A gordinha rejeitada do passado se realizava com isso, ainda mais com a possibilidade de ficar com "famosos da internet", já que eu estava inserida nesse meio. Porém, agora eu não tinha mais vontade. Nenhum deles me atraía. Nenhum deles era o Marcus.

Voltei para São Paulo e, no dia seguinte, fui trabalhar em outra cidade. Sim, meu trabalho exigia que eu fosse para a sede em Campinas toda terça-feira. E aí eu quase morri.

Nos envolvemos num acidente de carro na estrada e eu tinha certeza de que ia morrer. Escrevi sobre isso no blog.

Vou colar o post aqui para você ler, tá?

Pouca gente sabe, mas eu tenho medo da morte. É. Isso aí. Tenho medo de morrer. Talvez seja por crer que não há nada depois, pelo medo de sentir dor ou pela incerteza do momento. Qual é a sensação de "desligar"? Como nos sentimos ao terminar? Apagar para sempre? Não sei e tenho muito medo desta dúvida.

Nesta terça-feira, tive uma experiência interessante, não sei se foi boa ou ruim, mas, no mínimo, foi interessante. Trabalhei o dia todo em Campinas e estava pronta para voltar pra São Paulo. Na hora de entrarmos no carro eu disse: "Eu vou do lado direito do banco de trás!! Eu vou do lado direito do banco de trás!!". That was my spot... TOC? Não sei, só sei que eu queria muito sentar lá.

Como sempre, dormi na viagem, mas acordei com uma freada brusca do motorista e, quando olho para o meu lado, vejo um carro descontrolado, em alta velocidade, batendo em vários outros na estrada. Sabe aqueles momentos que parecem durar para sempre? Este foi um deles. Assistia cada batida com medo, dizia "Ai, caralho..." a cada carro que girava e saia pelo acostamento. Até que o carro girou na pista, ficou de frente para onde eu estava sentada, veio em alta velocidade e eu só consegui ver o clarão dos faróis, neste momento não consegui falar mais nada, só fechei os olhos, prendi a respiração e pensei "ok, acabou...".

Por sorte, não tinha acabado. Outro carro bateu nele e o impediu de bater na gente. Soltei o ar, respirei, suspirei e desde então comecei a pensar seriamente sobre a minha vida.

Se eu tivesse morrido naquele dia, eu teria morrido feliz. Finalmente consegui tomar as rédeas da minha vida, mudei tudo o que era ruim, me livrei de tudo que me fazia mal, amadureci e aprendi muito, envelheci dez anos ou mais neste último mês. Então, não seria uma grande perda. Ruim mesmo seria ter morrido enquanto eu estava no marasmo da minha vida, estagnada e sem perspectiva.

Porém...

No dia em que era pra tudo ter acabado, na verdade, tudo recomeçou. Depois disso, descobri que eu quero e posso muito mais. Preciso seguir em frente e não parar de buscar os meus sonhos! Não posso achar que já está bom. Eu quero mais. Eu posso mais. A vida é muito curta pra perder tempo com restrições, não vou desistir enquanto não conseguir o que quero. Vou deixar pra descansar quando eu morrer.

Eu tinha certeza de que ia morrer aquele dia. No momento em que percebi que estava viva e não corria mais risco, meu primeiro pensamento foi no Marcus. Como eu podia ser tão idiota?! Como podia me privar de viver algo tão bom com um cara que encaixava tão bem comigo por medo do que poderia acontecer?

O motorista parou o carro e perguntou:

— Todos estão bem?

— Vou namorar o Marcus!

Todos no carro comemoraram a notícia! Como nós viajávamos toda semana, o trajeto havia se tornado praticamente uma terapia de grupo e nós dividíamos todos os nossos problemas durante a viagem.

— Marina! Quase morri voltando de Campinas e vou namorar o Marcus!

— Como?! O quê?! Calma! Muita informação!!! Me explica!

Contei toda a história e disse que queria namorá-lo, mas morria de medo de que ele não me quisesse por eu ter dito não antes.

— Ah, NaMaria... Se ele gosta de você, isso não vai fazer diferença. Vai fundo e, se der errado, meu ombro está aqui.

A querida Marina. Sempre do meu lado.

Em uma sexta-feira, eu o convid... espera. Você está entediado?!?!

Sério! Só agora me dei conta de que estou contando uma história de amor há dois longos capítulos.

EI!
PRESTA ATENÇÃO!!!

Já está acabando, tá? Prometo.

Em uma sexta-feira, eu o convidei para jantar e ir a um show de comédia stand-up comigo. Eu planejava falar sobre o namoro naquela noite.

Jantamos, tivemos uma noite linda e eu fui para a casa dele. Enquanto fazia carinho nas suas mãos, pedi que ele olhasse para a minha, e a partir dali comecei a enumerar.

— Presta atenção aqui, ó:

1) Academia é prioridade, não posso nunca deixar de malhar;

2) Não posso acompanhar a sua forma de comer e não podemos comer hambúrguer o tempo todo; tenho que manter minha dieta;

3) Sou alvo do assédio de fãs, que me passam cantadas o tempo todo;

4) Sempre tenho eventos e viagens que nem sempre dão direito a acompanhante;

— Sim, tô vendo. O que você quer dizer com isso?

— Calma, olha aqui.

5) Com tudo isso que eu falei, você ainda me quer como sua namorada?

— Hummmmm, deixa eu pensar aqui.

Eu quase não ouvia o que ele disse de tão alto que meu coração batia.

— Aieeee, fala!

— Claro, sua boba!

— Então, quer dizer que a gente tá namorando?

— Isso!

— Que dia é hoje?

— 13 de julho.

— UAU! Dia do rock! Ótimo dia pra começar a namorar!

Foi assim que encontrei a peça que faltava no meu quebra-cabeça.

Autossabotagem

★ ★ ★

Este é um capítulo relativamente fácil de escrever, mas muito ruim de reviver. Eu estava no momento mais feliz da minha vida. Imagino que agora você deva estar pensando: "Espera, Ana! Como assim é ruim lembrar o momento mais feliz da sua vida?!". Recapitulando, então:

- eu morava com uma menina maravilhosa, num apartamento lindo, num dos melhores bairros de São Paulo
- já tinha emagrecido cerca de 35 quilos e estava muito feliz com o meu corpo
- tinha um trabalho que me pagava muito bem e me motivava
- namorava um cara maravilhoso, extremamente carinhoso
- já tinha voltado a praticar Pa-Kua
- tinha recuperado a confiança e a autoestima
- estava longe de todos que me fizeram mal e já os tinha perdoado
- minha fama na internet aumentava cada vez mais, e, com isso, eu conseguia ajudar muito mais pessoas
- finalmente estava vivendo a vida que eu queria, sem medo de ser feliz

Fiz uma listinha para poder ficar mais organizadinho. Ficou bom?

Sabe quando as pessoas dizem “Nunca vai existir um momento na vida em que tudo esteja perfeito”? Pois bem. Nesse momento da minha vida tudo estava perfeito, exatamente do jeito que eu queria.

Você acha que eu valorizei isso?

Nada! Dei um jeito de me autossabotar e de colocar quase tudo fora. É sobre isso que vamos conversar agora. Quer fazer uma pausa antes? Não? Ok, bora lá.

O ser humano é um bicho meio autodestrutivo. A gente sempre busca alguma forma de se prejudicar. Como eu não sou diferente, acabei fazendo o mesmo.

EEEEEEEEBAAAAA!!! Bora comemorar a idiotice da Ana Maria!

Comecei a fazer merda semiabandonando a dieta. O meu trabalho oferecia café da manhã para os funcionários, e havia várias opções integrais e frutas. O que eu comia? Pão com mortadela! Muita mortadela! Passei a comer biscoitos recheados e a tomar chocolate quente quase todos os dias.

Ah, claro. Além da comilança, comecei a ter preguiça de ir para a academia e passei a treinar somente três vezes por semana.

Obviamente, engordei uns três quilos depois disso e comecei a achar que a culpa era do meu namoro, pois nós comíamos besteiras uma vez por semana.

Passei a procurar problemas dentro do meu relacionamento. Afinal, eu não achava possível tudo ser tão bom e alguém ser tão feliz assim. Meu namorado era carinhoso demais!

Pera aí! Eu realmente estava reclamando por ele ser carinhoso demais?

— Lindo, precisamos conversar.

— Hã? O que aconteceu?

— Olha só, não posso perder o foco do meu Projeto. Preciso focar na dieta. Você tem que me ajudar com isso, tá?!

— Claro, linda! Não me assusta! Achei que você ia terminar comigo!

Eu obviamente não queria terminar com ele, mas queria deixar claro que emagrecer era a prioridade.

Como eu estava ficando muito cansada da academia e do trabalho, acabei deixando de lado a internet. Demorava muito para gravar novos vídeos e raramente postava no blog. As minhas ações como vlogueira e blogueira foram diminuindo e eu comecei a me concentrar somente no escritório. Meus fãs começaram a se sentir abandonados.

Abandonei não só eles como os meus sonhos. Eu não me preocupava mais em mudar a vida das pessoas ou em evoluir como ser humano. Me preocupava em pegar o vagão do trem que tivesse menos gente, chegar ao trabalho na hora, ganhar dinheiro e pagar as contas. Até a academia havia deixado de ser prazerosa. Eu fazia tudo no piloto automático.

Com o tempo, a São Paulo corporativa acabou me engolindo. Me tornei uma daquelas pessoas apagadas que vivem para o trabalho e se esquecem dos seus sonhos. Me sentia um robô.

Um robô feito para trabalhar e ganhar dinheiro. O salário era suficiente para pagar as minhas contas e curtir a vida em São Paulo. Eu não tinha do que reclamar.

As coisas não estavam ruins; estavam apenas normais demais e... espera! Conseguiu reconhecer? Não?!! Mesmo???

Zona de conforto!! NÃÃÃÃããÃãÃãÃÃÃÃOOOooOOOooOOOOO!!!!

Fui pega novamente! Eu estava tendo uma vida ok, sem altos ou baixos, e não queria isso. Só que dessa vez eu não tinha certeza do que precisava mudar. Até que, no fim de um dia de trabalho, surgiu a linda oportunidade e o meu chefe veio conversar comigo.

— Ana, o que acha de mudarmos você de área?

— Como assim?

— Atualmente você está num trabalho muito prático, como analista de negócios. Achamos que podemos aproveitar mais você na área de mídia.

— Hmmmmm, interessante.

— Você é criativa, tem talento e trabalharia direto com o Fulano, com uma equipe maior para você coordenar.

— Uma equipe?

— É. É como se fosse um caminho pra uma promoção.

— Eu posso pensar no assunto?

— Digamos que a mudança de área é mais uma decisão que uma sugestão.

— Eu sei, só preciso pensar.

No dia seguinte fiz tudo como sempre. Acordei às 5h30, fui para a academia, fiz aula, tomei banho, caminhei até a estação, enfrentei aquele mar de gente no sentido contrário ao meu e entrei no primeiro vagão, fui para o trabalho e comecei a fazer as minhas coisas. Chegou o horário de almoço e dessa vez decidi almoçar sozinha. Resolvi comer comida vegetariana. Saí na rua e me deparei com um dia lindo!

Sol forte, mas com temperatura agradável, flores decorando a rua com o seu colorido e uma sensação maravilhosa por estar ao ar livre. Porém, em vez de aquilo me fazer bem, me fez muito mal. Percebi que aqueles 20 minutos indo e voltando do restaurante seriam os únicos 20 minutos de sol que eu teria no dia, e uma tristeza gigante tomou conta de mim.

Milhares de dúvidas começaram a martelar a minha cabeça, "O que exatamente estou fazendo em São Paulo? Será que a selva de pedra está tomando conta de mim? Por que eu sinto o meu objetivo tão distante? E se eu não for tão forte quanto penso? Devo desistir de tudo e voltar pra casa?".

Sem perceber, comecei a pensar em desistir. Fiquei triste e sem vontade de continuar. Jogar tudo para o alto e sair correndo parecia a única alternativa lógica. Sim! Eu penso em desistir às vezes. Quem não pensa? Sou um ser humano como qualquer outro, tenho fraquezas e dificuldades, e naquele dia eu estava em crise.

Voltei para o trabalho em meio a um ataque de pânico. Sentia falta de ar, vontade de vomitar e uma dor de cabeça que me matava. Peguei minhas coisas e fui para casa. Avisei a recepcionista de que não estava bem e pedi que desse o recado ao meu chefe.

Ao chegar em casa, deitei na cama e comecei a chorar. Apaguei a luz e comecei a ouvir música. Fiquei um bom tempo deitada apenas esperando o tempo passar. Até que, no meio da minha playlist, começou a tocar o tema do filme *Mulan*, e então eu recebi o choque de realidade de que precisava.

O inimigo avança,
Quer nos derrotar.
Disciplina e ordem vão nos ajudar.
Mas, se não estão em condições
De se armar e combater,
Como vão guerrear e vencer?
Vou vencer!
Seremos rápidos como um rio!
Vou vencer!
Com força igual à de um tufão!
Vou vencer!
Na alma, sempre uma chama acesa
Que a luz do luar nos traga inspiração!

("Não vou desistir de nenhum", Walt Disney Pictures)

O QUE EU ESTAVA FAZENDO? **Desistir é sempre a alternativa mais fácil, não a mais lógica.** Levantei da cama, liguei a luz e falei para mim mesma: "Vamos, Ana Maria, só hoje. Você consegue!". Vesti a roupa de academia, arrumei o cabelo e coloquei os fones de ouvido. Pronto! Vou treinar!

Chegando lá, enfrentei mais um desafio: encarar a sala de musculação (eu morria de vergonha de fazer musculação. Achava que ia fazer errado ou que os marombeiros iam rir de mim por ser gorda). Fiz uma hora e meia de exercícios e, não sei como, consegui forças para voltar correndo para casa. Depois do banho, deitada na minha cama, aproveitei o sabor da felicidade pela superação. No dia seguinte eu já era guerreira novamente.

Sabe qual a diferença entre o vencedor e o perdedor? O vencedor tenta SEMPRE mais uma vez.

Eu não ia desistir. Decidi que ia tentar sempre mais uma vez. Relembrei de todos os meus objetivos e sonhos e tomei a decisão mais correta da minha vida. Mas antes quero compartilhar com você o texto que postei no blog sobre o desconforto do conforto.

Maldita zona de conforto. Uma jaula que nos aprisiona sem nem mesmo percebermos, nos envolve na rotina e na monotonia que, aos nossos olhos, não parece prejudicial. As coisas não estão bem, as coisas não estão mal, elas simplesmente estão.

Vim para São Paulo decidida a mudar de vida, e, de fato, mudei, porém, depois de quase um ano morando aqui, me vi presa no desconforto do conforto, me contentei com a rotina e acabei esquecendo do meu primeiro objetivo quando vim para cá. Fui engolida pela cidade.

Cotoveladas na estação de trem, fedor do rio Pinheiros, trabalhar o dia inteiro entre gravatas e saltos altos, ter somente 20 minutos de sol por dia, não ter tempo para me dedicar aos meus objetivos, não ter tempo para lembrar de mim. Tudo isso começou a ser normal, rotineiro, "confortável". Não foi pra isso que vim pra cá, não foi pra isso que fiquei tão longe da minha família.

Mais uma vez, estou prestes a tomar uma decisão que vai mudar a minha vida, mais uma vez, vou apostar em algo diferente, em um último suspiro saio do desconforto do conforto. Vou rumo ao desconhecido, de cabeça erguida, buscando algo que não sei o que é. O que muitos chamam de coragem eu chamo de loucura. Admito que sou maluca e não consigo me sentir bem em situações confortáveis, preciso de aventuras e desafios. Se não der certo, volto pra casa.

Mas vai dar, tem que dar.

No dia seguinte, chamei meu chefe para conversar:

— Boss! Pensei sobre aquele lance de mudar de área. E vou fazer isso mesmo.

— Opa! Coisa boa. Vou avisar para o pessoal do RH.

— Não, não. Eu quis dizer que vou mudar MESMO de área. Quero me demitir.

— Como assim?! Tem certeza? Mas você tem tanto futuro!

— Eu sei que tenho, e é aí que está o problema. Eu amo trabalhar aqui e me dedico muito. Se eu aceitar, tenho certeza que daqui a cinco anos serei uma publicitária bem-sucedida, vivendo em São Paulo e ganhando bem. Porém, quando vim pra cá, eu tinha muitos sonhos que acabei deixando de lado por causa do trabalho.

— Entendo.

— Eu quero poder me dedicar à internet e ajudar as pessoas. Preciso escrever meu livro e compartilhar tudo que aprendi nessa experiência.

— Você sabe que as portas estão sempre abertas pra você, né?

— Sei, sim. Tenho certeza disso.

— Desejo muita sorte pra você.

— Obrigada!

Saí da sala pensando: "Vou precisar...".

Com meus **próprios pés**

Saí da empresa no meu último dia de trabalho morrendo de medo do futuro, pois não fazia a mínima ideia do que aconteceria. A única certeza que eu tinha era de que agora iria correr atrás do sonho de viver da minha arte.

Juro que tentei, mas o mundo corporativo não serviu para mim. Nunca consegui me imaginar trabalhando em um escritório, durante oito horas do meu dia, ganhando dinheiro para outras pessoas. Tão importante quanto saber o que se quer fazer é ter a certeza do que não serve para você, e foi isso que aconteceu comigo.

O dinheiro da rescisão me permitiria viver apenas mais um mês em São Paulo. Um mês para conseguir levantar minha carreira na internet novamente. Muitos me tacharam de louca ou inconsequente; eu me via como uma pessoa determinada. O objetivo era conseguir viver dos vídeos para terminar meu projeto de emagrecimento e lançar o livro sobre a minha história.

E foi difícil começar a caminhar sozinha. Digo "sozinha" porque nunca tive alguém para me ajudar na internet. Sabe aquela coisa que dizem? "No mundo das artes todo mundo tem um padrinho"? Então. É a maior verdade que existe. O problema é que eu nunca tive ninguém assim.

Aí você pergunta: "Ana, mas você disse que foi a muitos eventos e palestrou em vários lugares! Como assim ninguém te ajudou?".

Embora eu fosse a um monte de eventos e palestras, nunca era convidada para eles. O primeiro Desencontro, aquele em Fortaleza, foi o único. Depois disso, todas as minhas presenças foram conseguidas por iniciativa minha. Eu passava por cima do meu orgulho e pedia para participar. Recebia como resposta um "Ok, você pode participar, mas não temos como pagar suas despesas".

Eles pagavam as despesas de namoradas e conhecidos de blogueiros, que não palestrariam nem participariam do evento, mas para mim nunca tinham grana. Eu sabia que era importante estar presente e sempre dei um jeito de aparecer. Em um dos eventos, um fã meu pagou minha passagem.

Quando decidi me demitir e me dedicar somente ao YouTube e ao blog, sabia que ninguém iria me ajudar e que eu teria que correr atrás dos contratos sozinha. Tudo bem.

A primeira coisa que fiz foi uma apresentação de quem eu era e o que já tinha feito por aí, depois uma apresentação específica do Projeto Ana Gostosa, e comecei a enviar para todas as agências de mídias sociais que conhecia.

Depois de muitas reuniões, consegui fechar um contrato com uma marca de produtos diet. Pronto! Eu já poderia respirar por quatro meses, ficar em São Paulo esse tempo e me preparar para crescer cada vez mais.

Trabalhar sem chefe foi difícil. Não existia mais aquela obrigação de acordar na hora exata, dormir no momento certo ou comer no horário reservado para isso. O que mantinha a minha rotina saudável era a aula de spinning, que começava às sete da manhã.

Comecei a fazer vídeos semanais e a me dedicar demais à academia. Cheguei muito perto de concluir meu objetivo, pois faltavam apenas seis quilos para chegar a 75. Eu não conseguia acreditar.

Tudo estava se encaminhando bem, mas sem notar acabei me tornando obcecada pela internet e pela academia. Deixei de viver qualquer coisa fora disso.Tornei-me uma pessoa egoísta, e dessa vez não foi da maneira legal. Achava que precisava pensar somente em mim e deixar que os outros seguissem suas vidas sem me preocupar com eles.

Sozinha **novamente**

Mais uma vez, depois de uma noite linda, ele me abraçou e perguntou se eu queria cafuné até dormir. Era óbvio que sim. Foi um sono tão bom que acabei sonhando com ele. Na manhã seguinte, tive que contar.

— Lindo, olha que engraçado. Estamos dormindo juntos e mesmo assim eu sonhei com você.

— Ah, é? Com o que você sonhou?

— Prefiro não contar.

— Ué, fala!

— Sonhei que você dizia que me amava.

— Tive o mesmo sonho.

— Sério?!

— Aham. Sonhei que acordamos, você passou por mim e eu disse "Olha, amo você!".

— Que loucura!

— Vai ver nós estamos com vontade de dizer isso.

Nessa hora senti um frio na coluna e falta de ar. Era muito cedo para dizermos que nos amávamos; não tínhamos nem completado dois meses juntos.

A grande verdade é que eu estava assustada. Porque em dois meses com o Marcus eu estava sentindo coisas que não tinha sentido em sete anos com o meu primeiro namorado ou em um ano com o segundo. Eu o amava e tinha medo de assustá-lo, pois ele havia acabado de se divorciar. Eu não queria que ele me deixasse, queria ficar junto para sempre.

Achei que o certo era negar aquilo dentro de mim. Ir com calma, para que nós tivéssemos certeza de que queríamos a mesma coisa.

— Acho melhor a gente não dizer. É muito cedo.

Ele me abraçou e me deu um beijo megademorado. Com ele todos os beijos passaram a ser "o melhor beijo da minha vida". Era sempre um melhor que o outro, talvez porque o amor ficasse cada vez maior, não sei. Olhou no fundo dos meus olhos e disse:

— Por que eu vou dizer que te adoro se, na verdade, eu te amo?

Nos abraçamos de novo, fechei os olhos, já cheios de lágrimas, e, com um nó na garganta, não tive coragem de dizer o mesmo.

— Você não precisa responder nada agora. Diz quando quiser, se quiser.

— Eu estou muito assustada.

Sofri tanto nos meus relacionamentos passados que tinha medo de me entregar e acabar sofrendo da mesma forma. Tinha medo de dizer "eu te amo" e o relacionamento ser jogado fora. Queria dizer isso da forma mais sincera e verdadeira, apenas quando tivesse certeza de que iria amar o cara para o resto da vida.

Naquele mesmo dia, quando fomos dormir, nos abraçamos como sempre. Eu sentia o corpo dele perfeitamente encaixado no meu, o calor da respiração sincronizada com a minha, e naquele momento percebi que eu não era só uma pessoa, eu fazia parte de algo. Nós dois juntos éramos um só. Um universo inteiro formado por duas pessoas.

Não adiantava mais negar. Eu o amava. Amava como nunca tinha amado alguém. Tomei coragem e falei baixinho:

— Lindo?

— Hum?

— Te amo.

Ele me abraçou mais forte ainda e então nós dormimos no nosso próprio universo.

Foi assim que eu assumi que amava o Marcus, mais que qualquer homem que já havia passado na minha vida. Eu queria ficar com ele para sempre.

Embora estivesse me sentindo assim, continuava com a obsessão pela academia e pela internet, e tratava isso como prioridade sempre. Agora, depois de muito tempo, posso afirmar que aquilo não foi saudável. Nenhuma obsessão é saudável; tudo o que levamos ao extremo acaba nos prejudicando em um momento ou outro.

Comecei a colocar as redes sociais antes da vida off-line. Tinha medo de expor meu relacionamento com o Marcus, não queria que as pessoas o assediassem, então não postava fotos nem falava sobre ele para os outros. Queria sair e ir a eventos sozinha.

A academia vinha em primeiro lugar. Cheguei ao ponto de deixar de aproveitar um fim de semana com o meu namorado para poder ir às aulas no sábado e domingo. Ele começou a se tornar ciumento e inseguro, e eu não entendia por quê. E assim começaram as nossas primeiras discussões.

— Marcus, você não pode ter ciúme da academia.

— Eu não sou assim. Nunca fui ciumento; nem da minha ex-esposa eu sentia tanto ciúme.

— Ué, mas você não a amava?

— Amava, mas com você é diferente, não sei.

Brigamos algumas vezes por isso, mas nos acertamos. Eu achava que o Marcus não iria conseguir acompanhar o meu ritmo.

Uma noite, liguei para ele e conversamos muito:

— Nós somos muito diferentes, Marcus. Não sei o que fazer. Estou triste. Não sei se vai dar certo.

— Eu não quero que você fique triste, mas eu também me sinto assim.

— Pois é.

— É engraçado. Nós temos uma sintonia tão grande que acabamos sentindo a mesma coisa. Eu também estou estranho.

— O que devemos fazer?

— Acho que o nosso namoro foi perfeito, do começo ao fim.

— Fim?

— É. Amanhã vou aí pra gente conversar e terminar.

— Hum. Tá ok.

Dormi sem saber o que sentir. Não sabia se era certo ou errado, mas achava que realmente devíamos terminar.

Na manhã de domingo acordei triste, me sentindo pesada. Fiz um almoço para nós, com todo o amor e carinho que podia. Afinal, seria o nosso último almoço juntos.

A campainha tocou e eu caminhei lentamente até a porta. Abri e senti exatamente a mesma coisa que sentia todas as vezes que abria a porta. Um misto de amor e admiração por aquele cara tão lindo e maravilhoso.

Com a voz trêmula, a garganta fechada e os olhos marejados, tentei sorrir.

— Oi, lindo.

— Oi.

Ele também não estava bem. Tinha cara de quem dormiu pouco.

Almoçamos sem falar muito, conversamos sobre o tempo ou coisas aleatórias, como se adiássemos o objetivo real daquele encontro.

— Vem pro quarto deitar comigo um pouquinho?

— Linda, a gente não pode.

— Não precisamos fazer nada. Só fica abraçado comigo um pouco.

Fomos para o quarto e eu deitei no colo dele. Aquele colo, o mais perfeito que já conheci. Encaixado. Quentinho. Protegido. Comecei a chorar.

— Lindo, não vou conseguir.

— Mas a gente sabe que não vai dar certo.

— Como que a gente sabe? A gente não sabe de nada. Não vou conseguir.

— Linda...

— Não termina comigo. Não agora. Não vou conseguir.

— Linda, a gente sabe que não vai dar certo. Você está pedindo pra nós pularmos de um abismo de mãos dadas.

— Isso, vamos! De mãos dadas. Eu não vou conseguir. Te amo demais.

— Não podemos.

— Vamos dar mais uma chance pra gente.

— Linda...

Nós nos beijamos intensamente. O melhor beijo que podíamos dar. Então, decidimos dar mais uma chance para o nosso namoro. Pelo menos, foi isso que eu achei.

No sábado seguinte, eu tive que viajar para Porto Alegre, passar uns dias com minha mãe e visitar meu pai, que não via há anos. Ele me levou ao aeroporto e disse:

— Te amo. Volta logo.

Já em Porto Alegre, no domingo, avisei a ele que iria a um clube de salsa ver minha irmã dançar. Ela estava fazendo aulas e queria mostrar o que já tinha aprendido. O 3G não pegava e o lugar não tinha wi-fi; eu não conseguia manter contato com ele lá dentro.

Ao chegar em casa, já com internet, mandei outra mensagem.

"Oi, amor! Acabei de chegar e estou bem. No fim da festa, o professor da Ane me ensinou uns passos e eu dancei com ele. Foi legal."

Na segunda-feira, recebi o telefonema que não queria. Em três dias passei de apaixonada com mais uma chance para sozinha novamente. Ele terminou comigo.

Adeus, **SP!**

Eu estava em Porto Alegre quando o Marcus terminou comigo. Não tive muito tempo para pensar no que tinha acontecido. Logo depois fui para Passo Fundo ver meus parentes e o meu pai. Estava fazendo tantas coisas que não consegui digerir direito a notícia.

Ao voltar para São Paulo, queria muito vê-lo. Precisava que esse término acontecesse pessoalmente, olho no olho, mas não aconteceu. Ele não queria me ver nem falar comigo.

A falta dele me matava aos poucos. O sentimento de algo inacabado me corroía. Passei para a fase de ex-namorada psicótica, mandando mensagens o tempo todo (inclusive de madrugada), para ver se ele falava comigo.

Nada. Silêncio.

Eu não conseguia admitir que o maior amor que tive terminaria daquela forma. Eu tinha tantos planos. Nós seríamos tão felizes.

Nada.

Enquanto isso, a Marina vivia uma grande história de amor com um francês. Eles trabalhavam na mesma empresa, ela no Brasil e ele na França. Finalmente se encontraram, se envolveram e passaram a namorar, mesmo com a distância.

A Marina já pensava em se mudar para a Europa e tinha falado sobre isso comigo. Eu não queria ir embora e pensei: "Bom, quando ela resolver ir para a França, eu e o Marcus estaremos juntos há uns nove meses. Acho que eu poderia morar com ele, se ele quisesse".

Obviamente, não falei com ele sobre essa possibilidade. Estávamos juntos há cinco meses, eu não queria assustá-lo. Bem, talvez eu devesse ter falado.

Depois que meu namoro terminou, o mundo passou a ser preto e branco. Não havia mais graça, não havia mais motivos para fazer nada.

Foram muitas noites de insônia, chorando até as seis da manhã, quando o meu corpo finalmente desistia e me deixava dormir. Eu estava tão exausta que não conseguia mais render na academia. Meu peso estagnou e aquilo me desmotivou demais.

São Paulo é uma cidade gigante, mas nela você encontra todo mundo o tempo todo. Eu morria de medo de encontrar o Marcus e não saber como reagir. Todo e qualquer lugar de São Paulo significava uma lembrança que me machucaria de alguma forma. Eu não conseguia mais sair sem chorar em público, então me tranquei em casa.

Ao me confinar, comecei a pensar no meu relacionamento e em todas as coisas que fiz de errado quando estava namorando. Não valorizei quem estava comigo e o perdi.

A Marina chegou em casa decidida, dizendo a data em que iria embora. Eu tinha a opção de encontrar outro apartamento para dividir, morar sozinha em algum lugar ou voltar para Porto Alegre.

Encontrar alguém para dividir casa é uma loteria. Nunca se sabe se vamos nos dar bem com o novo roommate. Eu não estava a fim de arriscar. Morar sozinha implicava documentação e burocracia para conseguir alugar. Na época eu tinha uma dívida grande e nenhuma imobiliária me aceitaria.

Eu estava inclinada a voltar para casa. A morte da minha avaliadora física da academia, com dois tiros no peito, durante um assalto me deu a certeza de que era o melhor a fazer.

Eu me sentia vulnerável, desprotegida e muito carente. Precisava estar perto da minha família. Já tinha certo reconhecimento na internet que me permitia trabalhar de qualquer lugar, então decidi dar adeus a São Paulo.

Que **fase**

Voltei para Porto Alegre com uma sensação de derrota. Não profissional, mas sentimental. Me sentia perdida, sem norte e sem vontade de seguir meus planos.

Minha mãe insistiu muito para que eu morasse com ela, mas eu não aceitei. Deixa ver se consigo te explicar o que eu pensava na época. Raciocina comigo.

Ao voltar para Porto Alegre, eu já estava dando "um passo atrás", certo? Se eu voltasse a morar com a minha mãe, toda a vontade de perseguir meus sonhos e lutar para pagar minhas contas iria embora.

É óbvio que ser mimada pela mãe é bom, poxa vida. O aluguel seria muito mais barato, eu teria a companhia dela o tempo todo e comidinha caseira. Olha que delícia. Isso, porém, me levaria a outra zona de conforto, e eu não queria. Queria a pressão de contas para pagar e um lugar para morar, para que isso me impulsionasse para a frente.

Procurei apartamentos para dividir em Porto Alegre e encontrei uma fã que tinha um quarto vago a apenas duas quadras de distância da minha mãe.

"Poxa, só tive experiências boas com fãs até agora. Acho que é válido tentar." Pensei, ingenuamente.

Acho que, pela minha história com a Marina, que virou minha irmã, eu não imaginava o pesadelo que seria dividir apartamento com aquela menina.

Com a Marina, nós acabamos criando uma relação de casalzinho morando junto. Ela não gostava de lavar a louça, então eu cuidava dessa parte sempre, sem me preocupar se tinha usado os pratos ou não. Eu odiava lavar roupa, então ela lavava tudo. Íamos ao mercado e comprávamos tudo juntas, afinal comíamos as mesmas coisas em função da dieta. Fazíamos planos para sair e curtir juntas. Tudo era lindo e maravilhoso. Era legal dividir as atividades. Nós nos preocupávamos uma com a outra e éramos confidentes.

Eu não esperava a mesma cumplicidade da minha nova colega de quarto, mas imaginava que teríamos uma boa relação, já que ela acompanhava o meu trabalho havia tanto tempo. Comecei a morar na sua casa sem imaginar o que aconteceria nos meses seguintes.

Trocamos poucas palavras no nosso começo de convivência. Ela passava grande parte do tempo trancada no quarto ou na faculdade, e eu transformei o meu quarto em um refúgio.

Ao voltar para Porto Alegre, eu havia desistido de mim. Não queria mais fazer dieta e não queria ir para a academia. Não queria trabalhar nem sair na rua. E, mesmo querendo não abrir os olhos, eles insistiam em ficar abertos. Eu dormia cerca de duas horas por dia apenas.

Nesse tempo, me envolvi com pessoas erradas e acabei me entregando a formas legalizadas e não legalizadas de vícios. Bebia praticamente todos os dias e não conseguia mais distinguir se estava sóbria ou ébria. Tudo passou a ficar embaçado e eu me sentia vivendo em um mundo paralelo.

Olha só!

Presta atenção no que a Tia Ana vai dizer agora, porque é sério.

Muito sério.

Ao viver esse momento de vícios, percebi que estava tentando fugir da minha realidade. Era uma forma de mascarar meus problemas e fingir que eles não existiam. Isso é triste, muito triste, não vale nada a pena. Não indico para ninguém. Não é saudável e não leva a lugar nenhum.

Eu estava me destruindo, pois não via motivos para continuar lutando. Com essa vida toda errada, acabei engordando cinco quilos e os meus fãs notaram. Eu não aguentava mais falar sobre o Projeto Ana Gostosa e me arrependia amargamente de tê-lo criado.

Eu culpava o Projeto e a internet por ter perdido o Marcus. Minha obsessão pelos dois me deixou cega e não permitiu que eu valorizasse o namorado que tinha. Sim, eu continuava sentindo falta dele.

Aí você está pensando: "Ai, Ana. Que exagero. Tudo isso por um cara?". Olha, eu posso te garantir que também não estava feliz dessa forma. Não conseguia entender por que sofria tanto pelo mais curto dos meus namoros, e por um cara que claramente já havia me esquecido.

Mas o que é que eu posso fazer? Quando eu disse que o amava, eu realmente quis dizer. Continuei amando e sofri muito por não tê-lo comigo.

A dor de amor machuca; é uma dor física. Era como se eu tivesse levado uma surra. O meu corpo todo estava embaixo de toneladas, e eu fui esmagada pela tristeza e solidão.

Como uma luz no fim do túnel, um amigo me convidou para participar de um grupo de comédia.

— Precisamos de uma menina com presença forte e engraçada. Acho que você é ótima pra isso.

Fui assisti-los uma vez para ver do que se tratava, e não eram muito bons. Individualmente, cada um tinha o seu talento, mas juntos eram desorganizados e não tinham entrosamento. Faltava direção e ensaio.

Pensei: "Já que nunca fiz isso, o melhor lugar pra começar é com uma galera que não parece muito boa, assim aprendemos todos juntos". E lá fui eu.

Não me arrumei para ir ao ensaio. Fui de pijama mesmo, afinal era um moletom que não parecia roupa de dormir. Não arrumei o cabelo nem me maquiei. Tinha ligado o "foda-se pra tudo isso". Não queria conhecer ninguém mesmo.

O ensaio foi legal, os meninos eram gente fina e eu fiquei com vontade de participar do tal grupo de comédia. Seria algo diferente para fazer e me motivaria a sair de casa.

Mais tarde, o músico do grupo perguntou:

— Você foi para o ensaio de pijama, né?

— Ahn?! Como você sabe?!

— Dava pra notar que você só tinha levantado e colocado o tênis.

— Putz...

Nessa hora, percebi que devia fazer algo da vida. Poderia até continuar sentindo saudade do Marcus, mas não poderia me entregar ao sofrimento.

Minha irmã tinha um plano de mensalidade de academia que não estava usando. Para minha sorte, a academia ficava muito próxima de onde eu morava. Fiz a transferência e voltei a malhar.

"Meu Deus?!?!?! Por que raios eu parei a academia?!?!?", foi a minha reação à primeira aula de spinning. A academia me fazia bem. Aquela sensação de superação e suor escorrendo pelo rosto me satisfazia e me deixava alegre. Eu não devia ter aberto mão disso.

Ao retomar os treinos e voltar para a dieta, comecei a ficar mais feliz. Meu humor melhorou e eu comecei a curtir mais a casa. Minha roommate não ficou muito satisfeita com isso.

Ela já havia tido sete colegas de quarto e eu sinceramente achei que o problema fosse com as outras meninas, mas em alguns meses de convivência percebi que não era bem assim. Ela era muito controladora e eu me sentia invadindo o seu espaço.

Até aí eu estava ok com a situação. Ninguém é obrigado a ter a mesma relação que eu e a Marina tínhamos. A garota tinha direito a sua individualidade. Mas é que o clima estava pesado.

Depois de quatro meses morando lá, ela me expulsou da casa dela. Tive apenas duas semanas para encontrar um novo lugar.

Sério, cara... Que fase.

Casa nova, **corpo novo**

Geeeente! Olha que sensacional! Estamos chegando cada vez mais perto do fim da história! Você está empolgado? Eu estou! Agora é a parte mais legal! Vem comigo.

O que eu não contei para você é que, enquanto morava na casa da menina, fiz um curso on-line de produtividade e resolvi começar a escrever meu livro. Este mesmo que você está lendo. Mas até então eu achava que ele seria somente sobre emagrecimento. Que chato.

Quando a menina disse que eu teria 15 dias para sair da casa dela, me apavorei. Eu tinha apenas duas opções: voltar para a casa da minha mãe ou morar sozinha.

A questão é que eu já estava acostumada a viver longe da família, gostava de ter meus horários e minha rotina. Precisava dessa individualidade para poder criar e fazer meus vídeos.

"Ok! Decidido! Vou morar sozinha."

Àquela altura do campeonato eu já tinha pago minhas dívidas e tinha certo dinheiro guardado. Esse dinheiro era para fazer minhas cirurgias plásticas, mas acabou sendo usado para a mudança.

Aí você pensa "Espera. Cirurgias plásticas?! Como assim?". Lembra que eu disse que cheguei a pesar 120 quilos? Pois bem. Eu passei muito tempo sendo obesa, e, mesmo sendo nova, minha pele não aguentou bem. Ela esticou bastante e não conseguiu voltar. Fiquei cheia de estrias e com excesso de pele.

Desde São Paulo eu estava guardando dinheiro para fazer essas cirurgias. Infelizmente, por causa de todas essas mudanças, o dinheiro acabou indo embora, e o excesso de pele é um problema com o qual tenho que lidar até hoje, mas falaremos disso mais tarde. (Não me deixe esquecer.)

Saí correndo desesperada para procurar um apartamento. Consegui encontrá-lo apenas três dias antes de ser expulsa da casa. Era pequeninho, mas bem localizado, e, melhor de tudo, seria meu. Consegui alugá-lo e, então, foi batizado de a Casa Feliz.

Amei ter ido morar sozinha, pagando minhas contas e vivendo só da internet. Enfim eu era independente. Aliás, o nome do bairro onde morei é Independência.

Al Capone: só quem tem gato sabe o que é esse carinho.

Nessa época, retomei Projeto Ana Gostosa e toda a força de vontade que eu tinha quando o iniciei. Muitas pessoas me diziam que a musculação poderia me ajudar com o excesso de pele, então decidi dar início ao Projeto Ana Gostosa 2.0. Passei a ficar totalmente focada e dedicada aos treinos.

Fui atrás de uma academia para conseguir apoio e encontrei um lugar que me ofereceu três meses de mensalidade, suplementos, nutricionista e personal trainer em troca de divulgação. Para mim era um ótimo negócio.

Combinamos que após os três meses nós fecharíamos um contrato maior, e eu receberia uma remuneração por toda a divulgação que fazia.

Quando conversei com a galera da academia e a nutricionista, deixei claro que não queria virar uma menina extremamente musculosa nem magrela. Eu gostava de ser fofinha. Queria perder os cinco quilos que ganhei durante a minha fase ruim e focar completamente na musculação para tentar reduzir o excesso de pele e firmar o corpo.

O meu treino era de três horas por dia – duas pela manhã e uma à tarde. De manhã eu fazia musculação e corrida; à tarde, somente corrida. Fiquei obcecada pelo estilo de vida de academia e passei a ser "marombeira".

No meu dia não havia mais definição do que era café da manhã, almoço ou lanchinho. Minhas refeições se resumiam a batata-doce, frango, aipim, whey protein e salada.

Minha mãe ficou desesperada quando viu o que eu comia.

Realmente, nem eu sabia direito o que estava fazendo, mas acreditava no que a nutricionista estava me ensinando. Basicamente, eu estava tendo vida de atleta, de fisiculturista, de quem quer ficar malhado. Eu tinha voltado a ser a mulher determinada que gostava de ser.

Na academia, tudo ia bem; no trabalho também. Eu tinha uma parceria com dois amigos de uma produtora e meus vídeos começaram a ser mais profissionais. Isso atraiu mais o público e, para minha felicidade, os patrocinadores.

Comecei a me dedicar aos shows de stand-up e à música. Sim! Voltei a tocar bateria e percussão e estava muito feliz por isso. Tudo parecia andar da forma como eu queria; eu vivia de arte.

O coração ainda sentia saudade do Marcus, mas já me deixava dormir. Eu sabia que ele estava namorando outra e não me restava muito a não ser desejar que fosse feliz. Não conseguia me apaixonar por mais ninguém e tinha apenas relações superficiais aqui e ali.

Sinceramente, eu não me importava, pois estava focada na academia e no meu trabalho. Não tinha tempo para pensar em relacionamentos ou em me apaixonar novamente.

Minha casa nova me proporcionou muitas alegrias, e me tornar uma mulher independente foi a maior delas.

Eu **me odeio**

Sinceramente, eu preferia não escrever este capítulo. Na verdade, se é para preferir algo, eu preferia que não tivesse acontecido comigo. Mas aconteceu e eu pre-ci-so contar. Nós somos praticamente amigos de infância, você acompanhou a minha vida toda até agora e eu não tenho por que esconder nada.

Quanto mais eu treinava e convivia com o povo da musculação, mais me comparava a eles e não à Ana Maria do passado. Eu simplesmente esqueci como era antigamente e qual o real objetivo do Projeto Ana Gostosa. Aos poucos, comecei a sentir inveja das mulheres bombadas. Eu queria ter abdômen tanquinho e poder usar roupas mostrando a barriga. Queria ser igual às meninas que desfilavam corpos esculturais pela academia.

Meu excesso de pele não deixava isso acontecer. Eu tinha 15 por cento de gordura no abdômen e, mesmo assim, quando sentava, parecia uma obesa. Ia experimentar as roupas nas lojas e elas serviam perfeitamente na barriga, mas não passavam pelos braços.

Comecei a ficar frustrada. Me olhava no espelho e me sentia a mulher mais feia do mundo. Meu corpo murcho parecia estar triste, e isso me deixava arrasada. Para piorar a situação, a pressão da internet aumentava.

"A Ana engordou?"

"A Ana não emagrece mais?"

"Nossa, que projeto furado!"

"Continua gorda."

"Podia ter emagrecido mais, hein?!"

Eu era obrigada a ler essas e coisas piores todos os dias. Conversei com a nutricionista, mudei minha dieta e passei a treinar muito mais.

Para frustração ainda maior, minhas coxas, em vez de diminuir, começaram a crescer. Minhas calças não serviam mais e eu tive que subir dois números para poder usar jeans. Minhas costas estavam musculosas e meus ombros cresceram muito.

Na família da minha mãe todos são altos e grandes; eu já tinha predisposição para crescer e ser musculosa. Com dieta e treino de fisiculturista, o resultado não poderia ser outro.

Fiquei abalada quando percebi que estava maior que antes, sendo que o excesso de pele ainda continuava lá. Fiz uma nova avaliação física e não havia perdido nenhum grama. Entretanto, meu percentual de gordura era de uma pessoa sem excesso de peso, e minha cintura diminuiu muito. Ou seja, perdi aqueles cinco quilos que engordei, mas ganhei tudo em massa magra.

Cheguei apavorada à consulta:

— O que está acontecendo comigo?! Por que eu estou ficando maior?!

Minha nutricionista respondeu:

— Calma, Aninha. Você está ficando gostosa!

— Como assim gostosa? Minhas calças não entram mais!

— Sim, isso é músculo! Fique feliz!

— Não! O meu objetivo não é esse!

Eu me sentia mal, feia e triste. Odiava me olhar no espelho e passei a não gostar do meu corpo. Incontáveis foram as noites em que tomei banho aos prantos por ver tudo murcho e apontando para baixo.

Eu estava infeliz com o meu corpo e com a situação em que me encontrava. Minha autoestima tinha caído de uma forma absurda, e minha única vontade era fugir e me esconder.

A academia tinha se tornado um lugar ruim, aonde eu não gostava mais de ir. Lá eu só via pessoas com corpos melhores que o meu, mulheres mais bonitas, mais magras, e isso me fazia ficar pior. Eu treinava até a exaustão física e mental. Corria e chorava ao mesmo tempo. No dia seguinte, sentia uma dor absurda, que não me deixava andar direito nem movimentar os braços.

Não encontrava mais os amigos, pois não queria sair da dieta. Não via nenhum prazer na comida ou em cozinhar. Era sempre a mesma coisa. Sempre a mesma rotina. No fim de semana, não conseguia passear nem andar de bicicleta, pois mal dava para me movimentar.

Me sentia feia.

Obesa.

Fraca.

Incapaz.

Mas será que eu era tudo isso? Eu me sentia dessa maneira única e exclusivamente por causa do meu corpo e da frustração por não ser igual aos outros da academia. Havia esquecido completamente qualquer outra virtude que tivesse e passei a prestar atenção somente na minha forma física.

O excesso de pele era algo que me deixava frustrada, e eu evitava falar disso para os meus seguidores. Porém, chegou um momento em que eu tive de ser sincera com eles. Escrevi o seguinte texto no blog:

Eu estava evitando ao máximo me expor de uma forma que eu achasse que poderia me prejudicar, queria mostrar que o caminho para emagrecer é lindo, simples e cheio de flores, mas ele não é assim. Como sempre sou sincera e verdadeira com o meu público, acredito que agora seja a hora de falar sobre algo que acontece depois que se perde muito peso.

Quando você considera a sua forma antiga e pensa na sua forma atual, você se sente bem! Você se sente saudável! Você se sente feliz!

A sensação de vitória é gratificante!

Depois de um tempo você já se acostuma com o "estar saudável" e com a sua forma atual. Você já sabe do que seu corpo é capaz, já consegue correr e faz exercícios buscando o prazer e considerando o "sofrimento" parte disso. É tudo muito bom!

Mas aí você começa a sentir a famosa Pressão da Sociedade. Pessoas que sempre fizeram exercícios começam a comparar você a outras. Você ouve "ainda está muito gorda", "poderia ter emagrecido mais", "devia emagrecer mais rápido" e, por incrível que pareça, essas coisas começam a machucar, dá a impressão de que todo o seu trabalho foi em vão. Então, a busca começa a ser não só por aquilo que é saudável, mas pelo esteticamente "bonito", e aí que mora o perigo!

Estou sofrendo um bocado com o excesso de pele, que me dá a impressão de que não estou mais emagrecendo, me dá a impressão de que meu corpo está feio, quando sento me deixa com um pneu gigantão que dá a impressão de que ainda sou a mesma gorda de antes, e isso me desanima, me deixa triste, pois dá a impressão de que não mudei nada.

MAS PERA AÍ! Vamos analisar o parágrafo anterior?

Dá a impressão, blá-blá-blá, dá a impressão, blá-blá-blá, dá a impressão!

Então prestenção! O excesso de pele é algo que desanima? Sim! É algo que te faz desistir? Não!

A pior coisa que pode acontecer é você resolver voltar a ser como era simplesmente por uma impressão ruim. Lembre-se de como era sua vida antes, pense em como é sua vida agora, tenha paciência e saiba aonde quer chegar.

Essa coisa de bonito e feio? Aff... nem dá pra começar a escrever sobre, né? A sociedade pressiona as pessoas a manterem um padrão ridículo justamente para ter mais controle de quem são, do que fazem e de como se portam. Todos os corpos são bonitos, cada um com a sua particularidade.

Não ceda às pressões externas de pessoas que não a conhecem e querem que você seja da forma como elas querem! Você tem que tomar cuidado e manter a cabeça no lugar!

Seja quem VOCÊ quer ser.

Escrever posts para o blog é algo que sempre me ajudou a desabafar e colocar as ideias em ordem. Foi por isso que acabei trazendo para o livro alguns dos textos que tenho por lá.

Mas, enfim, voltemos à história.

Os três meses de parceria acabaram exatamente no fim do ano, perto das festas de Natal e Réveillon. No último dia de academia, voltando para casa, passei em frente a uma loja e vi um vestido branco curtíssimo e justíssimo na vitrine.

"Nossa, vou ficar muito gostosa nesse vestido. Vou provar. Quem sabe uso no Ano-Novo."

Na porta da loja, travei completamente e decidi voltar para casa sem experimentar o tal do vestido. Enquanto caminhava pela rua, comecei a me perguntar qual era o real objetivo do Projeto Ana Gostosa.

Será que eu queria aquela vida pra mim? Eu queria emagrecer para ficar exatamente igual às outras mulheres? Queria poder usar um vestido justo e me sentir bem só por entrar no maldito vestido? Será que as conquistas da minha vida se resumiriam a perder uma grande quantidade de peso? Eu queria me tornar a "gordinha que emagreceu" e que se tornou obcecada pelo corpo?

A resposta a essas perguntas era simples: não.

Mas a pergunta que mais martelava a minha cabeça era: por que agora, depois de ter perdido praticamente 40 quilos, eu me sinto muito pior e menos confiante que antes?

Eu não sabia responder.

À procura **de mim**

★ ★ ★

Me vi perdida ao perceber que não conseguia responder nenhuma daquelas perguntas. Quem era eu e o que queria com essa mudança de vida? Qual era o objetivo de tudo?

Foi então que decidi viajar no fim do ano. Queria ir para o interior. Antes, comprei roupas largas e confortáveis; algumas eram até masculinas.

Depois que comecei a emagrecer, acabei me desfazendo de todas as roupas largas que tinha. Tudo no meu armário era justo ou curto. Dessa vez eu queria relaxar, não queria me preocupar se as pessoas me achavam gostosa ou não.

Fui visitar meus avós em São Borja e passar o Natal perto de gente que sempre me conheceu pelo meu coração e não pelo meu corpo. Indescritível o amor que recebi enquanto estava lá. Foram dias maravilhosos, em que simplesmente esqueci da pressão de emagrecer ou ser igual aos outros.

Decidi esticar minha viagem a Passo Fundo, visitar meus parentes paternos e também o meu pai, que eu não via há um ano.

Meus avós me levaram até a rodoviária e cumpriram a tradição da nossa família de ficar dando tchau até o ônibus sair da plataforma.

Um dia antes de eu ir embora, fizemos exatamente a mesma coisa para nos despedirmos da minha madrinha, que voltava para Porto Alegre. Assim que o ônibus começou a deixar a plataforma, os dois saíram correndo da rodoviária. Me apavorei. Eram dois velhinhos correndo pelo saguão.

— Gente! Vocês vão se machucar! Mais devagar!

— Vem, negrinha! O ônibus vai fazer a volta! – o meu avô respondeu.

Eu havia esquecido que a tradição era dar tchau até o ônibus sair e depois correr para se despedir na rua. Ri demais e fui correndo dar tchau para a minha madrinha, que já vinha sorrindo e balançando o braço na janela. Assisti àqueles dois velhinhos, abraçados mantendo o costume carinhoso da família.

Quando entrei no ônibus, pensei: "Putz... Comprei do lado errado! Essa poltrona não é do lado da calçada e eles não vão me ver". Para minha surpresa, quando o ônibus fez a volta e foi para a rua, estavam os dois dentro do carro, com as mãozinhas para fora, dando tchau sem a certeza de que eu veria ou não.

Sabe o que aconteceu? Eles correram para entrar no carro e meu avô dirigiu até o outro lado da rua para poder se despedir de mim.

Quando os vi, não consegui acreditar. Imaginei os dois de mãos dadas correndo pelo saguão para poder me dar aquele pouquinho de amor.

Gargalhei e chorei ao mesmo tempo. Agitei a mão enlouquecidamente até que eles notassem que eu estava me despedindo também. Eles viram e nós comemoramos, felizes, eles no carro e eu no ônibus.

Foram oito horas de viagem até Passo Fundo. Normalmente eu dormiria feito uma pedra durante o percurso, mas dessa vez não. Fiquei ouvindo música e observando a viagem.

Vi as casas do interior, coloridas na sua simplicidade caprichada. Passamos por estradas de chão, que levantam poeira quando os carros passavam. Os animais andavam perto dos seus donos sem nenhum tipo de coleira. Cavalos, vacas, galinhas, todos vivendo em harmonia com as suas diferenças.

O sol, em meio às árvores, iluminou o ônibus e o deixou todo alaranjado. Senti aquele calor no rosto e fechei os olhos. Que coisa linda poder aproveitar aquele momento em sua plenitude. O meu corpo ou o excesso de pele não impediram nada de acontecer.

Cheguei a Passo Fundo e fui direto para um hotel. Meus parentes ficaram um pouco ofendidos, acharam que eu tinha ficado besta ou algo assim. A grande verdade é que eu queria paz. Eu precisava ficar sozinha por um tempo, pois sabia que essa viagem não seria fácil.

Eu não tinha uma boa relação com a maioria dos meus parentes paternos e não falava direito com meu pai. Todas as vezes que nos víamos, brigávamos.

Por que eu fui? Algo dentro de mim me dizia para ir. Decidi ouvir esse instinto e passar a virada do ano lá.

Naquela mesma noite, vi meus amigos de adolescência e assisti à luta em que o Anderson Silva quebrou a perna. Que desespero ver aquele homem se machucando ao vivo. Imaginei o que passou pela cabeça dele naquela hora, a dor física e psicológica que ele sentiu.

Fiquei chocada por um tempo, tentando digerir a imagem que havia acabado de ver. Foi ali que percebi o quanto o nosso corpo é frágil.

A nossa vida é feita de riscos. A qualquer instante pode ocorrer um acidente e podemos perder o movimento ou até parte do nosso corpo. Voltei para o hotel me perguntando se realmente somos definidos pela casca que temos.

Retornar à minha cidade natal foi muito importante. Não, não foi maravilhoso como foi em São Borja. Foi uma viagem muito sofrida; eu sentia a energia pesada do passado pairando no ar.

Essa viagem serviu para eu perceber o quanto havia mudado e evoluído desde que saí de lá. Não amadureci apenas psicologicamente, mas emocionalmente também. Em sete anos eu havia mudado muito, e as pessoas de lá, infelizmente, continuavam as mesmas. Acho que é coisa de cidade do interior.

Dessa vez consegui conversar de igual para igual com todos que haviam me maltratado. Eu já os havia perdoado e notei que perceberam esse perdão, pois se dirigiram a mim com muito respeito. O meu único objetivo era transmitir boa energia e amor para eles, inclusive para o meu pai.

No fim da viagem, ainda tive a oportunidade de ir a uma festa onde encontrei os meus colegas do colégio. Tanto os que praticavam bullying quanto os que me tratavam bem. Dancei com os meus amigos e me diverti demais.

Os caras que me fizeram mal? Bom, eles não tinham mais o que falar, né?

Depois desse turbilhão de emoções nas duas cidades que fizeram parte da minha história, decidi ir para Florianópolis, simplesmente para relaxar e pensar em nada.

Lá, encontrei duas amigas e fomos à praia. Tomei coragem e usei um biquíni em público pela primeira vez sem sentir vergonha. Eu não me importava se havia excesso de pele, peso ou qualquer coisa assim. Eu queria aproveitar o sol e o mar. Nada me impediria disso.

Em Floripa, de biquíni e desencanada.

O que eu **quero dizer**

Voltei mudada da viagem. Amadurecida – consciente de quem eu era e com todas as respostas que estava procurando. Consegui me lembrar do meu real objetivo e me reencontrei.

Ao chegar a Porto Alegre, empolgada e cheia de fôlego para continuar, percebi que a matrícula da academia que era minha parceira havia sido cancelada sem nenhum tipo de aviso.

Minha entrada não era mais permitida.

Essa notícia me abalou.

"Poxa vida, será que as coisas nunca dão certo pra mim? Tem sempre que ser difícil?"

A grande verdade é que, mesmo sendo devagar e da forma mais dura, as coisas estavam dando certo. Como eu estava cheia de pensamentos negativos, não conseguia perceber.

Vamos recapitular os meus objetivos com a mudança de vida? Aqueles que listamos no começo do livro?

BORA!

- ☑ deixar de ser chefe e saber como era ser empregada; conhecer o mundo corporativo

  CONCLUÍDO!

- ☑ deixar de ser Mestre e passar a ser aluna; focar em aprender mais do que ensinar

  CONCLUÍDO!

- ☑ mudar para uma cidade maior e sobreviver nela; criar coragem pra andar de metrô

  CONCLUÍDO!

- ☑ morar longe dos parentes; deixar todos os meus problemas com eles para trás

  CONCLUÍDO!

- ☑ namorar outro cara; ficar com alguém que me valorizasse

  CONCLUÍDO!

- ☑ investir na carreira de internet; me sustentar com arte, vídeos e blog

  CONCLUÍDO!

- ☑ ter experiências; viver o que deixei de viver nos anos anteriores

  CONCLUÍDO!

- ☑ emagrecer com o objetivo de ser saudável

  CONCLUÍDO!

Consegui concluir exatamente todas as minhas metas com a mudança de vida. Levei alguns tombos, cheguei a pensar em desistir no meio do caminho, mas me levantei e continuei lutando. Alguns demoraram mais que os outros, alguns se tornaram mais difíceis, mas TODOS os meus objetivos foram concluídos com sucesso.

Por quê?

Porque eu acreditei que era possível.

Pronto. Havia chegado o momento de escrever o livro que você está lendo agora. Finalmente entendi qual seria a razão para publicá-lo e qual deveria ser a moral escondida entre as suas páginas.

A minha história não trata somente da perda de peso. Ela é muito maior que isso. É exatamente por esse motivo que fiz questão de escrever sobre tudo o que passei, desde o meu nascimento até hoje.

Cresci me sentindo inferior a todos, incapaz de realizar grandes feitos. Eu achava que a minha missão na vida era ser submissa e simplesmente servir os outros, sua felicidade sempre acima da minha.

Me tornei deprimida e obesa. Sentia dificuldade para respirar e pegava táxi para subir duas quadras, pois não tinha força para sustentar o meu peso. Tinha que dormir virada para o lado direito, pois, se virasse para o esquerdo, a pressão do meu corpo fazia o meu coração doer para bater. É difícil descrever, mas eu conseguia sentir o meu sangue mais espesso, com dificuldade de circular pelas veias. Eu achava que ia morrer a qualquer momento.

Me afastei da arte ou de qualquer coisa que me fizesse feliz. Desisti de mim e de qualquer sonho que eu tivesse. Ao me confrontar com a minha tristeza, colocava a culpa na vida, nas outras pessoas, no meu peso ou no acaso. Jamais imaginava que isso poderia ser responsabilidade minha e que a única pessoa capaz de mudar a situação era eu.

Até que um dia, após a morte do meu tio, percebi que já estava morta há tempos, completamente inerte e deixando a vida passar.

Não dava mais para aguentar. Eu precisava ressuscitar.

Para que você entenda o que estou sentindo, primeiro é preciso que conheça uma ave muito especial chamada Fênix. Já ouviu falar dela?

A Fênix é um pássaro da mitologia grega que, quando morria, entrava em autocombustão. Passado algum tempo, ela renascia das próprias cinzas. Uma das características da Fênix é a sua força, que a faz transportar, em voo, cargas muito pesadas. Ela pode até se transformar em um pássaro de fogo. Hoje me vejo exatamente como ela: alguém que morreu e teve a oportunidade de renascer ainda mais forte.

Eu não perdi somente 40 quilos de gordura. Me desfiz de 40 quilos de mágoas, tristezas e traumas antigos.

Aprendi que sou capaz de tudo que quiser. Mais importante, aprendi que quem tem de lutar e correr atrás para conquistar os meus sonhos sou eu.

Deixei de ser uma menina submissa e passei a ser uma mulher independente, que se valoriza e se ama exatamente como é. Descobri que a felicidade não depende da nossa forma física ou de outras pessoas para existir. Feliz mesmo é quem consegue ser completo por si só.

Não emagreci para caber nesta ou naquela roupa. Emagreci para deixar de usar o peso como desculpa para não correr atrás do que quero. Emagreci para ser uma pessoa saudável e poder aproveitar a vida em sua plenitude. Acredite: ser saudável é muito bom!

Finalmente entendi que a minha missão não é servir as pessoas ficando abaixo delas, e sim ajudar a mudar suas vidas sendo um exemplo para quem quiser.

Não sou diferente de ninguém, não nasci em berço de ouro e não tenho "padrinhos" que podem fazer minha vida acontecer. Sou comum, exatamente como você.

Tenho problemas, frustrações, dias bons e ruins, contas para pagar e problemas para resolver. Se eu consigo mudar completamente a minha vida e conquistar os meus sonhos, qualquer um pode.

Hoje em dia faço o que amo, sou feliz com o momento presente e não tenho medo de sonhar. Sei que, se eu acreditar e trabalhar com todas as forças para conquistar os meus sonhos, uma hora ou outra, inevitavelmente, eles serão realidade. Aprendi que humildade não é me colocar abaixo das outras pessoas ou esconder minhas virtudes. Humildade é reconhecer tudo o que faço de bom, admitir minhas qualidades, mas saber que não sou melhor ou pior que alguém por isso.

Enfim, chegamos até aqui. Neste momento você está deitado ou sentado em algum lugar confortável, sentindo nos dedos o livro acabar. Enquanto isso, eu estou em casa, escrevendo as palavras que faltavam para sentir concluída essa etapa da minha vida.

Chega a ser engraçado pensar que escrevi uma autobiografia mesmo sem ser uma rockstar. Lembro que, quando dizia que queria lançar um livro, normalmente ouvia a pergunta: "Mas você é comum. O que tem pra contar?".

Acho que todas as pessoas, comuns ou não, têm algo para contar. Infelizmente, somos levados a acreditar que não temos importância suficiente para isso. Quer saber? Temos, sim, e continuaremos tendo enquanto não deixarmos que os outros provem o contrário.

Já vivi muita coisa e quero continuar vivendo enquanto tiver forças para respirar e lutar. Então, se você me dá licença, agora preciso sair, ir para a rua aproveitar o mundo, que me aguarda cheio de desafios e histórias para viver e contar.

Mais importante que perder peso foi recuperar o meu sorriso.

Cenas depois **dos créditos**

Sabe quando você está no cinema e o filme acabou, mas depois dos créditos rolam algumas cenas extras que surpreendem a galera? Este capítulo é a mesma coisa.

Eu achava que tinha acabado de escrever o meu livro e de contar a minha jornada. Mas, assim como os espectadores de um longa-metragem, fui surpreendida por cenas extras da vida.

Poucas pessoas têm a chance de reescrever o final da sua história, mas cá estou eu, reescrevendo o fim da minha. Entre o capítulo anterior e este, tivemos um intervalo de um ano e dois meses, sabia?

Pois é!

Durante esse tempo, muitas coisas importantes aconteceram, entre elas ter que aprender a lidar com a frustração de não conseguir publicar o livro que escrevi com tanto carinho.

Quando terminei de redigir o original, achei que já podia comemorar. Fui com a minha irmã a um restaurante australiano para comer uma cebola empanada e uma salada (para equilibrar. Hehe).

— Ane! Terminei! Agora começa o trabalho de buscar uma editora.

Essa tarefa logo se mostrou um pouco mais complicada do que eu imaginava. Embora eu mandasse muitos e-mails toda semana e participasse de várias reuniões, o projeto do livro nunca ia para a frente.

Foi decepcionante, sim, mas não me deixei abater. Afinal, eu tinha um objetivo maior pela frente: juntar dinheiro para poder fazer minhas cirurgias de remoção de excesso de pele.

Eu trabalhei. Como trabalhei. Trabalhei muito mesmo, e aos poucos o sonho de remover aquela pele toda, que me deprimia, parecia mais próximo de se realizar.

Um pouco depois disso, no dia do meu aniversário, voltando da academia, comecei a pensar no Marcus. Lembra do meu último namorado? Fazia tempo que eu não sentia saudade dele como senti naquele dia.

Eu estava com aquela deprê do inferno astral, focando só em tristeza, pensando que estava envelhecendo, cheia de pele sobrando, sem publicar o livro. Para completar o pacote, o meu ex, que eu amei tanto, estava feliz em São Paulo. Namorando.

Cheguei em casa e resolvi olhar o perfil dele no Facebook para matar a saudade. Qual era a última atualização?

"Marcus casou ontem"

Então, no meu momento filme de comédia romântica da mulher encalhada, deitei no chão, abraçada no gato, e chorei de soluçar até dormir ali mesmo. Só faltou o pote de sorvete, né?! Hahahahahahaha. Quando lembro da cena, percebo o quanto foi patética.

Na minha cabeça existia um restinho de esperança de que pudéssemos ficar juntos novamente. No entanto, foi bom ter sabido que ele tinha se casado, ter enfrentado o choque de "perdê-lo". Comecei a me perguntar se aquele sofrimento todo foi por amor mesmo ou por culpa, já que na época não dei muita atenção ao namoro.

Em dois meses, ele se separou.

Fiquei sabendo meio sem querer, mas três dias depois eu estava em um avião a caminho de São Paulo para conversar com ele.

Amor? Culpa? Acabou mesmo? Há chances?

Eu precisava descobrir.

Passamos uma semana linda, ficamos juntos todos os dias, rolou um revival. Só que não havia mais encaixe. Estava esquisito, não era tudo aquilo que eu tinha na cabeça. E foi aí que veio a resposta: não era para ser.

O Marcus passou a ser uma história bonita do passado e nada mais.

Primeiro fantasma de ex-namorado superado!

Durante o processo de mudança de vida, me descobri uma feminista fervorosa, e hoje posso dizer com orgulho: foi o feminismo que me salvou.

O feminismo me libertou de todos os preconceitos e medos. Me empoderou e deixou claro para mim: você é uma pessoa forte, capaz de qualquer coisa. Você não é menor por ser mulher. Você merece respeito e valorização por ser quem é e não pelas roupas que usa, pela condição de mulher casada ou pela obediência.

Passei a fazer vídeos para o YouTube com essa temática, desmistificando o movimento para meninas e mulheres que ainda não o conheciam ou tinham uma visão equivocada sobre ele.

Vamos combinar uma coisa?

Não vou escrever aqui sobre o conceito de feminismo, problemas sociais e coisas do tipo, afinal o nosso tempo está acabando. Só me prometa que vai pesquisar sobre o assunto. Por favor?

Posso garantir que o feminismo não é esse bicho de sete cabeças que as pessoas pintam. É um movimento maravilhoso que beneficia os homens também!

Combinado, então, hein?! Estou de olho em você.

Durante a Semana da Mulher, fiz diversos vídeos sobre o tema. Um deles falava sobre relacionamentos abusivos e descrevia situações que eu vivi no meu primeiro relacionamento.

Depois disso, meu celular tocou e era uma mensagem desse meu ex (o primeiro ex) dizendo que precisava conversar comigo. Fiquei receosa, achando que ele pudesse ser agressivo ou reclamar do que eu falei, embora fosse tudo verdade.

O que ele queria?

Pedir desculpas.

Conversamos muito. Ele deixou claro que não ficou bravo, mas triste. Nunca percebeu o que fazia, porque era muito novo para entender que cometeu tantos erros graves.

Podia ser um discurso da boca para fora, mas não era. Quando olhei nos olhos dele, vi que aquele menino havia virado um homem. Assim como eu cresci e amadureci, ele também havia mudado e evoluído muito.

Fiquei emocionada. Nós conversamos abertamente e concluímos que ambos estamos infinitamente melhores agora. Ele fez um excelente trabalho com a escola de Pa-Kua, que hoje em dia tem 10 unidades no Rio Grande do Sul. É um dos Mestres mais respeitados da instituição e ganhou a linha dourada, o que é uma grande honra entre os faixas pretas.

Ele namora uma feminista, está engajado em movimentos sociais e adotou uma postura mais descontraída perante a vida. Aprendeu que timidez é uma coisa, e impedir os outros de serem quem são é outra. Não tenho palavras para descrever o orgulho que sinto do meu ex.

Apesar de todos os pesares, ele fez parte da minha vida, e quando eu disse que o perdoei foi de todo o coração.

Segundo fantasma de ex-namorado superado!

Com cabeça tranquila, pude mergulhar de cabeça no trabalho e juntar dinheiro para as cirurgias.

Eu economizava cada centavo que podia. Recusava convites para baladas, jantares e qualquer outro tipo de passeio que não fosse de graça. Minha TV pegava com um grampo de cabelo instalado estrategicamente na entrada da antena. Meus móveis eram improvisados e eu não comprei uma peça de roupa ou qualquer item supérfluo durante esse período.

E atingi o meu objetivo.

Juntei todo o dinheiro de que precisava para ser atendida pelo melhor cirurgião plástico de Porto Alegre. Esse tipo de coisa é tão delicado que não dá para escolher gastar pouco. Você tem que procurar o que é bom. Quatro cirurgias, realizadas em duas etapas. No total, foram seis meses até eu me recuperar de tudo. O processo foi tão intenso que hoje em dia se confunde na minha cabeça; não lembro direito quais experiências foram de quais cirurgias ou como eu consegui ficar tanto tempo com o corpo em repouso.

Só sei que a recuperação foi muito sofrida. Depender dos outros para comer, me limpar, me movimentar e me recuperar foi difícil. Foi a primeira vez em muito tempo que passei o controle da minha vida para outra pessoa, e morri de medo de voltar a ser como era antes. Eu temia achar que precisaria dos outros para tudo novamente.

Foram inúmeros desmaios no banho, quedas de pressão, infinitos remédios para dormir e para a dor.

Se eu me arrependo?

Não.

Se eu faria tudo novamente?

Sim!

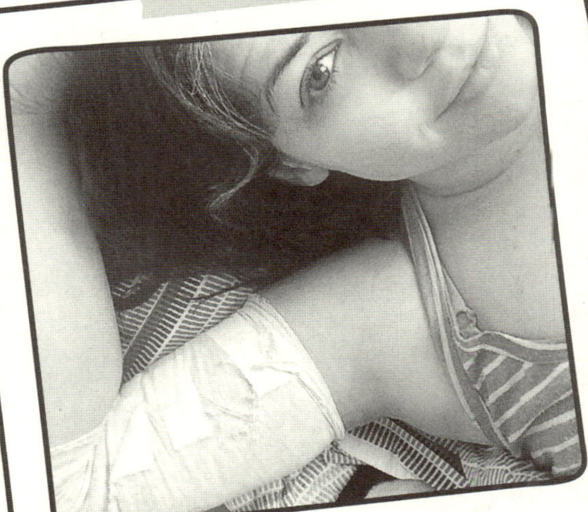

Foi dolorido, mas valeu muito a pena.

Abdominoplastia e Mamoplastia Fashion Week: meias de compressão, sutiã pós-cirúrgico e faixa abdominal, tudo por cima da roupa. O glamour da recuperação.

Mudança de dentro para fora.

Nada supera a felicidade de olhar para o meu corpo e ver que o excesso de pele e as lembranças da Ana obesa e deprimida finalmente foram embora.

Finalmente eu posso ser eu.

Finalmente sou livre.

Agora eu posso dizer com toda a certeza do mundo que, se você se dedica e, principalmente, não desiste por nada, os sonhos se tornam realidade. Não acredita? Comece de novo a leitura deste livro, lá na página 1. Veja quantos "nãos" a vida me deu e me diga se uma pessoa não consegue vencer qualquer dificuldade quando compreende que tem valor. Você está sem ânimo? Sem propósito? Caiu e está achando que não vai conseguir levantar? E daí? Cair é coisa que acontece. Mas tem que levantar. Chega uma hora em que você precisa ser o seu principal parceiro.

Eu consegui realizar exatamente tudo o que eu desejei. E, para esta etapa da minha vida ficar completa, só falta realizar o sonho de lançar o meu livro.

Bem... Se você está lendo isso neste exato momento, não falta mais.

Agora que você conhece a minha história, sabe que
seria inadmissível terminar este livro com a palavra *fim*.
A vida é um constante

Recomeço

Agora, para terminar, escreva um recado para si mesmo e leia esse texto sempre que pensar em desistir. Lembre-se: não há desculpas para não tentar. O seu sucesso depende exclusivamente de você. Deu vontade de parar? Leia o recadinho e vá à luta!

P.S. Vou adorar receber um oi. Que tal me escrever? Me encontre no blog ***Tá, e Daí?!*** *ou nas redes sociais:*

youtube.com/anadecesaro
facebook.com/taedai
twitter.com/anadecesaro
instagram.com/anadecesaro
(e ainda: contatotaedai@gmail.com)

IMPRESSÃO: INTERGRAF
PAPEL: Capa Cartão Triplex 350g - Miolo Pólen Soft 70g